대치동에 가면
니 새끼가 뭐라도
될 줄 알았지?

대치동에 가면 니 새끼가
뭐라도 될 줄 알았지?

초판 1쇄　찍은 날 2021년 10월 22일
초판 1쇄　펴낸 날 2021년 10월 29일

지은이　　유순덕·김한나·김현민·박동희·안성신·임정현

발행인　　육혜원
발행처　　이화북스
등 록　　2017년 12월 26일(제2017-0000-75호)
주 소　　서울특별시 마포구 월드컵북로 400 서울산업진흥원 5층 15호
전화　　02-2691-3864
팩스　　02-307-1225
전자우편　ewhabooks@naver.com

편집　　함소연
디자인　　책은우주다
마케팅　　임동건

ISBN　　979-11-90626-16-3 (03370)

대치동에 가면  니 새끼가 뭐라도 될 줄 알았지?

유순덕·김한나·김현민·박동희·안성신·임정현 지음

이화북스

들어가는 말

'Once upon a time'으로 시작하는 동화처럼, 대치도서관에도 오래된 이야기가 있다. 어느 영화의 주인공처럼 많은 추억을 함께 공유한 인연들이 있다. 그들과 함께 소소한 이야기를 글로 써 한 권의 책이 되었다.

처음 대치도서관을 만났을 때의 낯섦과 막막함을 기억한다. 그리고 그것을 극복하기 위해 기획한 '대치인문독서클럽'이 나와 도서관의 황금 동아줄이 되었다. 독서를 개인적인 영역으로 치부하지 않고 함께 읽는 사회적 독서로 전환한 것이 신의 한 수였다. 독서클럽을 통해 많은 사람들이 모이고 도서관은 성장하였다. 이 책을 공동 집필한 작가들도 모두 이 모임을 통해 알게 된 이들이다. 오늘도 점심 식사 후 몸이 나른해지고 피곤한 눈꺼풀이 내려앉을 즈음 전화가 온다,

"관장님, 바빠요?"

"응 조금. 그런데 왜?"

"커피 한 잔 내려서 도서관으로 가려고요."

"안 그래도 졸린데 잘됐다."

"조금만 기다려 주세요. 금방 갈게요."

원 세상에, 도서관에 커피 만들어 가져다주는 게 이렇게 신날 일인가? 이보다 더한 사람도 있다. 갑자기 도서관 문이 열리면서 "유여사, 나 왔어!" 나를 부르는 소리다. 이 사람은 도서관에 필요한 일이라면 누가 시키지 않아도 발 벗고 나선다. 심지어 유명강사 섭외를 하는데 강사료가 너무 비싸서 고민을 하면 본인이 나서서 강사료 협상을 한다. 온갖 인맥을 동원해 협박도 하고 사정도 하면서 강남 아줌마의 저력을 보이기도 한다. 도대체 도서관이 뭐라고 이렇게까지 할까 싶으면서도 고맙다! 우리 독서 토론 팀 최고의 미모에 패셔니스타인 한 회원은 요즘 쇼핑하고 골프를 치는 것보다 모여서 함께 책을 읽고 토론하고 밥 먹고 노는 게 더 즐겁다고 말한다. 다들 미쳤군! 웃음이 난다. 이제 우리들에게 도서관은 삶의 놀이터인 셈이다.

시간이 하늘에서 떨어지는 빛줄기보다 더 빠르게 지나간 것 같다. 벌써 11년의 세월이 흘렀다. 2021년 길 위의 인문학 심화과정 선정 조건에 책 출판이 있었다. 사실 간단하게 소감문 정도를 모아서 결과보고서 형태로 제출해도 될 것을 일을 크게 벌였다. 그동안 함께 책을 읽고 꾸준히 인문학 강연을 들어 온 이들과 큰 추억을 만들고 싶어 제대로 한번 써 보자고 제안을 했는데 묻지도 따지지도 않고 "관장님이 하자면 해야죠!" 한다. 대책 없는 믿음이지만 기분은 좋다. 그렇게 시작한 글쓰기가 출판사의 적극적인 지원에 힘입어 세상에 나오게 되었다.

내가 대치도서관 관장으로 일하면서 만난 사람들과의 에피소드를 중심으로 책의 서문을 열었고 함께 집필한 작가이자 엄마들이 대치동에서 아이들을 키우며 겪은 다양한 일들, 힘들 때마다 독서가 어떤 역할을 했는지에 대한 이야기들로 내용이 채워졌다.

대치동 '돼지엄마'로 성공했다고 생각했는데 아들과의 마찰을 경험한 후 딸아이의 교육은 개성존중 모드로 전환한 엄마 이야기, 대치동만 오면 뭐든 다 해결될 줄 알고 용감하게 이사를 왔지만 결국 유학을 선택하게 된 이야기, 미국에서 자유로운 교육을 맛본 아이가 대치동의 엘리트 교육 현장에서 시련을 겪은 이야기, 아이에게만 열중하다 자아 상실감을 겪은 엄마가 독서를 통해 이를 극복하고 자존감을 찾은 이야기, 대치동에 가면 니 새끼가 뭐라도 될 줄 아느냐는 시부모님의 곱지 않은 시선을 뒤로 하고 대치동에 입성하여 '뭔가 되어가는' 아이들과 엄마의 이야기가 이 책에 고스란히 담겨 있다.

가끔 이런 질문을 하는 사람들이 있다. "독서를 하면 뭐해요?" 또는 "독서를 하고 싶은데 어디서부터 어떻게 시작해야 할지 모르겠어요." 이들에게 이 책을 권하고 싶다. 이 책 속에는 그러한 질문에 대한 해답이 있다. 아이들의 교육과 성장에 관해 이야기하는 듯 보이는 이 책은 사실 독서를 통해 스스로 성장한 엄마들의 이야기를 담고 있다.

책이 나오기까지 함께한 고마운 사람들이 있다. 책의 교정 및 여러 가지로 뒷바라지를 해 준 김윤미 사서, 집필에 참여한 김한나, 김현민, 박동희, 안성신, 임정현. 이들에게 내 마음을 다하여 고마움을 전한다. 그리고 이 책에 등장하는 아들, 딸들에게 모든 엄마를 대신하여 사랑한다는 말을 전하며 이 책을 바친다.

대치도서관장 유순덕

차례

들어가는 말   4

1 **대치도서관장입니다** _유순덕

대치동에 철학을 던지다   15

대치인문독서클럽 태어나다   17

대치동이 뭐라고   19

플라톤과 장 자크 루소가 대치동에서 만난다면   21

신이 되어 버린 사람들, 그 이름 엄마   27

우는 엄마와 웃는 엄마   30

돌아가는 길도 길이다   33

대치동 밖에서 키운 아이들   37

엄마, 나는 대학에 갈 수 없대!   40

엄마, 내가 우리 반에서 꼴찌야   44

태양을 닮으라 한다   51

2 **대치동에 들어가면 니 새끼가 뭐라도
될 것 같지?** _김한나

'너를 위해'라는 거짓말   57

환경을 탓하지 마라, 『신도 버린 사람들』   60

대치동에 들어가면 니 새끼가 뭐라도 될 것 같지?   65

대치동으로 오길 참 잘했다! (feat. 대치도서관)   68

너희가 원하는 거, 그거면 돼   77

스승의 은혜는 하늘 같아서   79

우리 집 금지곡 '어버이 은혜', 금지어 '공부해라'   81

아이가 아직 어리다면 (feat. 독서)   84

어디에나 '대치동'은 존재한다   89

내가 천사엄마? 애들 들으면 기절 각   92

대치맘이 전하는 '학원 선택 노하우'   95

엄마의 지구별 가이드북, 너희 둘!   98

 3

대치동을 떠난 아들과 대치동에 남은 엄마, 우리들의 성장기 _박동희

대치동으로 가자! SKY의 꿈을 품고! (착각의 시작)   103

대치동에서의 삶, 갈등은 커져 가고   106

플라톤의 『국가론』에서 길을 찾다   110

무엇인가 새로운 길을 찾아야만 해!   112

아들의 선택, 그리고 나 자신의 삶   116

나의 등을 토닥여 준 『돈키호테』   118

껍질을 깨부수자!   121

엄마, 나 어른이 된 것 같아!   123

대치동을 떠난 아들과 대치동에 남은 엄마, 우리들의 성장기   127

4 '좋은 엄마' 콤플렉스 _임정현

대치동 입성, 모두가 불안한 '경쟁의 장' 적응기   133

아들의 성적 상승과 엄마의 자신감 상승   136

내 아들은 기필코 SKY 보낸다   139

목표를 향해 달리느라 놓쳐 버린 순간들   141

아들의 배신, '좋은 엄마'라는 확신에 생긴 균열   144

"조장하면 무익할 뿐 아니라 해를 끼치게 된다"   147

나를 깨우치는 시간 그리고 도서관에서 만난 사람들   151

'좋은 엄마' 콤플렉스   155

달라진 엄마의 시선, 달라진 딸의 세상   159

학생부, 물음표가 만든 느낌표   162

네가 선택해야 후회가 없지   166

인생은 결국 자기 스스로 사는 것   170

5 고리오 영감과 대치동 부모들의 평행이론 _김현민

공부보다 놀고 싸돌아다니는 것이 좋아요   175

시애틀 놀이터에서 대치동 '학원 뺑뺑이'로 그리고 정신과를 찾았다   178

"우리 아이들이 매일 밥 한 끼 같이 먹자는 거야" 182

고리오 영감과 대치동 부모들의 평행이론 185

방임과 자유의 복잡한 갈등 공식 속에서 189

사춘기 딸과 갱년기 엄마가 만나 예술을 사랑하다 193

취해라, 모든 게 거기에 있다 200

6 원한다면 해피엔딩 _안성신

다른 아이들은 계속 달리고 있으니까 205

나는 엄마인가? 매니저인가? 라이더인가? 208

타인 지향적 진상, 그녀의 이름 '불안 유발자' 211

나만의 19호실을 찾아서 215

고요와 고독의 도피처가 아닌 연대와 공감의 방으로 218

완벽한 순간을 향해 달릴 때 최고의 순간은 이미 지나가고 있다 222

아이 인생의 결정권은 아이에게 226

우리는 아직도 성장하는 중 229

원한다면 해피엔딩 232

7 대치도서관, 독서동아리로 황금 동아줄을 만들다 _유순덕

237

①

대치도서관장입니다

유순덕

대치동에 철학을 던지다

"네, 대치도서관입니다."

"거기 은마도서관이죠?"

"아닙니다. 강남구립대치도서관입니다."

"아, 그건 됐고요. ○○책 있는지 확인해 주세요. 그리고 있으면 찾아 놔 주세요. 금방 갈게요."

"저기요, 선생님……."

"뚜뚜뚜……."

거의 매일 반복되는 일상이다. 그리고 잠시 후 한 젊은 남자가 도서관 문을 벌컥 열고 들어온다.

"아까 전화 받은 사람 누구야?"

"네, 접니다."

"아줌마, 왜 이렇게 말이 많아요?"

"저는 대치도서관장입니다. 그리고 무슨 말씀이신지요?"

"관장이면 다야? 책을 찾아 놓으라면 찾아 놔야지, 왜 안 된다는 거야?"

"공공도서관은 특별한 사유가 없는 한 대출하시는 분들이 직접 서가에서 책을 찾는 걸 원칙으로 합니다. 죄송합니다."

"무슨 말이 이렇게 많아. 당신, 강남구 어디 소속이야!"

이제 막 일을 시작했는데, 마음속에서 거대한 반항이 시작된다.

'뭐야, 얼마나 잘났기에. 왜 도서관에 와서 행패를 부리는 거야. 그래, 좋은 대학 나와서 좋은 직장에 좋은 집, 강남에 산다 이거지.' 눈으로 욕을 한다. 다 자기들 좋으라고 만든 시설인데 잘 이용하면 좋으련만, 공공기관이 민원에 약하다는 걸 알고 툭하면 쳐들어와서는 생떼를 쓰는 통에 나 역시 못된 마음이 든다.

"그래 봐라 어디, 내가 아무 일도 안 하고 월급만 타 가면 어쩔 건데." 못난 생각이 마치 정의로운 행동인 양 느껴질 때가 있었다. 하지만 계속 반항만 하고 있을 수는 없으니 뭔가를 하긴 해야겠는데, 뭘 하면 좋을까 고민하다가 떠오른 것이 바로 독서 토론 모임이었다. 주제를 고민하다가, 그래, 잘난 사람들이 많은 곳이니 어려운 철학을 주제로 책을 선정해서 맞짱 한번 떠보자는 유치한 생각에 꽂혔다. 선하지 못한 선택은 언제나 부메랑이 되어 자신에게로 돌아온다는 걸, 그때는 몰랐고 지금은 안다. 도서관 이용자들에게만 철학이 어려울 리 없을 터, 나 또한 독서량이 많다 해도 대부분 문학, 여행서, 교양서 등이지 언제 철학을 읽어 보았겠는가? 그들과 함께 철학을 읽어 내느라 지난 10년 동안 머리에서 쥐가 날 지경이었다.

대치인문독서클럽 태어나다

　2011년 1월 중순, 철학을 대주제로, 참여하는 모든 회원들이 발제를 해야 하는 스터디 모임 형식의 독서동아리 〈대치인문독서클럽〉이 태어났다. 철학을 좋아해서라기보다는 지성의 최고봉이라는 학문에 도전해 보고 싶다는 욕망과 프로그램의 질을 높이면 도서관에 우호적인 이용자들이 많아질 거라는 얄팍한 생각에서였다. 처음 2년 동안은 참여 인원이 1명에서 많으면 4명이었다. 매번 발제를 하고 주제 도서를 읽어 오지 않으면 토론에 참여해도 무슨 말을 하는지 몰라서 즐길 수가 없는 독한 독서 토론을 진행했다. 도서관 게시판에서 주제 리스트를 보고 호기심에 한번 참여해 보자고 온 사람들 중에서는 왜 굳이 이렇게 어려운 책을 선정하느냐고 소란을 피운 이도 있고, 그냥 와서 듣기만 하면 안 되느냐고 사정을 하는 이들도 있었다. 그렇게 철학을 읽기 시작하면서 내 안에 웅크리고 있던 어리석은 감정들이 차츰 사라지기 시작했다.

　고대 철학자들에게서 인간이 다른 동물과 다른 것은 이성이 있기 때문이라고 배웠고, 근대 실존주의 철학을 읽으면서는 태어나고 죽는 것을 제외한 자신의 삶은 스스로 선택하고 만들어 가는 것이라는 걸 깨달았다. 삶이 달라지고 사람들을 보는 시각이 바뀌기 시작했다. 아이들 교육 문제 때문에 갈등을 겪는 부모들이 보이고, 주변의 기대에 부응하기 위해 매일 밤과 낮을 공부에 매달려도 성적이 오르지 않아 고민하는 청소년들이 보이기 시작했다. 그때부터 부모를 위한 교육과 청소년을 위한 많은 프로그램들을 운영하기 시작했다. 토론 주제도 철학에서 인문학으로 넓혀, 역사, 예술, 과학, 문학에 이르기까지 고르게 독서의 영역을 확장하였다. 2014년부터 성인뿐만 아니라 청소년을 위한 고전 읽기를 시작하여 인문학 도서관으로서의 입지를 굳혀 나갔다.

고진감래라 했던가, 아니면 독서를 통해 내 마음이 변해서였을까. 도서관을 사랑하는 사람들이 점점 늘어났다. 대부분의 프로그램은 대기자가 생길만큼 호응도가 좋았고 인문독서클럽은 철학을 읽겠다고 찾아오는 사람들이 50명이 넘었다. 그 많은 사람들 중에서 지금 이 책을 공동 집필하고 있는 김현민, 김한나, 박동희, 안성신, 임정현 회원을 만났다. 그리고 그보다 더 많은 동아리 회원들이 독서를 통해 성장하는 모습을 보았다. 대치도서관 인문독서클럽은 11년 동안 인문학 관련 도서 300권 이상을 읽었고, 관련 프로그램 100개 이상을 진행하였다. 그 외에도 지금은 독서동아리 10여 개에서 등록 인원 200명 이상의 사람들이 함께 책을 읽으며 삶의 지혜를 찾는 여행을 하고 있다.

산다는 건 참 단순하다. 대치도서관은 이 모임을 통해서 사람을 얻었다. 그리고 나는 그 사람들과 함께 책을 읽으면서 재미있게 인생을 사는 법을 배웠다.

대치동이 뭐라고

대치동에서 처음 내가 느낀 감정은 충격이었다. '왜? 왜 이렇게까지 하는 거지'라는 생각부터 생소한 문화를 이해하기까지 혼란스러운 시기를 보내야 했다. 우리 도서관이 위치한 대치역 사거리는 어느 지방의 오래된 도시 같았다. 아파트는 너무 낡았고 주변 환경은 지저분했다. 역에서부터 대치 사거리 사이의 건물 대부분에는 학원과 크고 작은 병원들이 유난히 많았다. 도서관 데스크에서 피상적으로 관찰한 사람들의 모습은 왠지 모르게 여유가 없어 보였다. 간혹 이해할 수 없는 광경을 목격하기도 하였는데, 아이들이 심하다 싶을 정도로 짜증을 내는데도 엄마가 저자세로 아이에게 사정을 한다든지 반대로 아이를 무슨 범죄자 다루듯이 많은 사람들이 보는 앞에서 소리를 지르면서 야단을 치는 것이다. 약속 시간 5분 늦었다고 아들 앞에 무릎을 꿇고 빌던 엄마와 아들이 도서관에 와서 하라는 공부는 안 하고 게임을 했다며 쓰레기통을 집어던진 엄마를 목격했다. 누가 덜 안타깝고 누가 덜 이상하다고 말할 수 없을 만큼 보는 것만으로도 힘이 드는 일이었다. 그렇게 시작된 나의 대치동 이야기는 여러 사람들을 만나면서 변했다. 이제는 누구보다 객관적인 시선으로 대치동을 바라볼 수 있다. 바로 그 대치동 이야기를 해 보려 한다.

대치동은 매년 겨울방학부터 새로운 학기가 시작되는 3월 이전에 인구의 이동이 폭발적으로 늘어나는 곳이다. 이곳은 언제인가부터 우리나라 교육의 메카가 되었다. 수많은 이들이 자녀 교육을 위해 대치동으로, 대치동으로 모여든다. 이 시기에 도서관의 신규 회원들도 가장 많이 증가한다.

누군가는 아이들의 교육을 위해 꿈을 품은 채 대치동을 찾고, 또 누군가는 아이들의 교육을 마치고 대치동을 떠난다. 벨기에의 극작가 모리스 마테를링크의 『파랑새』에 나오는 남매처럼 그들은 이곳에서 자신들이 찾던 행복을 찾았을까? 파랑새는 결코 멀리 있는 것이 아니라 자신들 가까이에 있다는 것을 알게 되었을까? 혹시 허상과도 같은 신기루에 속고 있는 것은 아닐까?

자타가 인정한 전쟁 신 나폴레옹도 욕심을 버리지 못하고 이집트를 침략하였다가 넬슨이 이끄는 영국, 프랑스 함대에 격파당하여 사막에 고립되었다. 그때 자신들을 구해 줄 지원군을 기다리던 나폴레옹의 군대 앞에 마치 움직이는 사람의 모습처럼 뿌연 아지랑이가 일었다고 한다. 나중에야 그것이 사막에 접해 있는 더운 공기층 때문에 기온과 밀도 차이가 심할 때 나타나는 신기한 현상이라는 것을 알게 되었다. 신기루는 사람들이 꾸는 꿈과 같다. 우리 모두는 현실과 이상의 온도 차이로 인해 신기루가 곧 현실이 되리라는 기대에 부풀어 살다가 쉽게 실망하곤 한다. 대치동의 많은 부모들이 이미 엄청난 땅을 차지하고도 욕심을 버리지 못하고 전쟁을 계속하던 나폴레옹처럼 대치동이라는 신기루만을 좇아 이곳에 온 것은 아닐까? 자기 안에 살아 있는 파랑새를 찾아보려 한 적은 있을까? 자신보다 자녀 인생의 파랑새를 찾아 주고 싶어서 대치동으로 왔다면, 아이들의 가슴속에 이미 파랑새가 살고 있지는 않은지 세심히 들여다봐 주면 어떨까?

플라톤과 장 자크 루소가 대치동에서 만난다면

러시아의 대문호 레프 톨스토이가 그의 나이 51세 때 죽음 앞에 선 인생의 허무함을 인식하고 고뇌하며 쓴 작품이 있다. 바로 『사람은 무엇으로 사는가』이다. 이 작품을 기점으로 톨스토이의 작품 세계는 종교적으로 변화하였다. 고민의 방향은 다르겠지만 "대치동은 무엇으로 사는가?"라고 묻고 싶다. 아마도 내 아이가 뭐라도 되길 바라는 간절함으로 살아가지 않을까. 대치동 학원가에는 '일타 강사'가 있고, 입시 컨설팅을 해 주는 일명 '실장님'들이 다수 활동한다. 출근 시간도 아닌데 오후 4시가 되면 대치 사거리 학원가를 중심으로 교통 체증이 일어난다. 학원 시간에 맞춰 아이들을 데려다주는 학부모들의 차량으로 인해 도로가 막히는 기현상이 일어나는 것이다. 일상의 모든 스케줄이 아이들 위주로 돌아가다 보니 도서관 문화 프로그램도 가능하면 아이들이 학교에 있는 오전 시간에 끝내야 한다. 자녀에게 인생을 건 부모와 공부 스케줄이 너무 바빠서 반항할 시간도 없는 아이들이 매일 똑같은 루틴으로 다람쥐 쳇바퀴 돌듯 살아가는 이곳에서, 나는 아이들이 승리하길 바란다.

문득 고대 철학자 플라톤과 근대 교육의 서막을 열었다는 평가를 받는 18세기 자연주의 철학자 장 자크 루소가 대치동에서 만난다면, 둘은 서로 무슨 이야기를 나눌지 궁금해졌다. 대표적인 엘리트 교육을 주장한 플라톤과 주입식 교육을 반대하고 아이들의 성장 주기에 맞는 교육의 필요성을 강조한 장 자크 루소가 이곳에서 만난다면 과연 누가 웃을 수 있을까. 아마도 1차적으로는 플라톤이 이겼다고 생각할 것 같다. "그래, 이것 봐. 내 생각이 맞았지? 2500년이 지난 지금도 비슷한 교육을 하고 있잖아! 역시 내 생각이 옳았어." 국가도 아닌 개인이, 알아서 자녀들에게 최고의 엘리트 교육을 시키고 있다고 흐뭇해할지도 모르겠다. 플라톤은 아마도 스승의 죽음에 대한 화풀이를 하고 싶었던 게 아닐까. 무식한 위정자가 아닌 철학자가 나라를 다스리면 소크라테스처럼 억울하게 당하는 일은 생기지 않았을 거라고 믿고 싶었을 것이다.

플라톤의 『국가론』을 보면 국가를 다스리는 데 가장 중요한 것은 정의라고 설명한다. 그는 상위계급(철인, 군인)의 자녀들만 엘리트 교육을 시켜 국가의 지도자로 키우고, 서민이나 노예는 교육을 시킬 필요가 없으며 모든 국민은 각자의 위치에 맞는 일을 평생 동안 하면서 살아야 한다고 주장한다. 처음으로 공교육의 틀을 만들었으며 현재까지도 지대한 영향을 끼치고 있다. 다만 그는 사람을 계급으로 구분하여 교육의 불평등을 야기했으며 모든 사람들이 통제된 시스템 안에서 살 수 있을 것이라는 생각의 오류를 범했다. 사유하는 주체로서의 개인을 믿지 못하고 각자의 특성이나 선택을 존중하지 않았다. 플라톤이 가장 이상적으로 생각한 나라인 스파르타가 결국 패망의 길을 걸은 것은 모두가 기억해야 할 교훈이다.

그렇다면 루소는 무슨 이야기를 할까? "아직도 주입식 교육을 하면서 아이들을 뺑뺑이 돌리고 있는 거야? 그런데 어떻게 세상이 이렇게 멋지게 변할 수 있었지?" 아마도 루소는 아연실색할지 모르겠다. 그는 단 한 번도 제도권 안에서 정상적인 교육을 받지 못했다. 그의 교육론도 상상 속에서 가장 이상적으로 생각한 이론을 체계화시킨 것이었다. 아마도 교육에는 완벽한 방법이란 없다는 것을 몰랐을지도 모르겠다. 개인마다 편차가 있지만 일정 부분 주입식 교육으로도 성과를 낼 수 있다는 사실을 인정하기 싫었을 수도 있으리라. 루소는 생애주기별로 아이에게 맞는 자연스러운 교육을 시키는 것이 중요하다고 생각했다. 특히 어린 시절에 이루어지는 신체를 건강하게 하는 운동이나 다양한 감각을 통해 감정을 받아들일 수 있는 감정교육을 높은 가치로 내세웠다. 아마도 지금 대치동에 꼭 필요한 교육이 아닐까 생각한다.

1762년에 출판된 루소의 교육론『에밀』은 가상의 주인공 에밀이 부모가 아닌 보모의 손에 자라는 성장 스토리로 이를 통해 루소는 자신의 교육 이론을 논증하였다. 당시 귀족들은 아이들을 가정교사나 보모에게 맡기는 일이 흔했다. 루소는 무엇보다 이러한 관행을 타파할 것을 주장했다. 하지만 아이러니하게도 루소 또한 자신의 아이들을 직접 키우지 않고 기관에 위탁하였다. 자녀와 부모의 정신적, 육체적 접촉을 통한 애착 관계 형성이 아이들의 성장 과정에 매우 중요한 요소라고 강조한 사람이 스스로 모순적인 행동을 한 것이다. 루소는 이에 대한 죄책감과 변명을 『에밀』 속에서도 드러내고 있다. "가난도 체면도 자식을 키우고 직접 교육시키는 일로부터 그를 면제시켜줄 수 없다. (······) 누구든 인간으로서의 정을 가지고 있으면서 그토록 신성한 의무를 저버리는 자에게 예언하건대, 그는 오랫동안 자신의 잘못에 대해 통한의 눈물을 쏟게 될 것이며 결코 그 무엇으로도 위로받지 못하리라."

루소에 비하면 자식을 위해 자신의 모든 것을 거는 대치동 부모들의 열정은 가늠하기도 힘든 크기의 사랑이 아닐까 하는 생각도 든다.

인간보다는 시스템을 더 신뢰하여 좋은 교육제도와 법을 만들어 인간을 강제적으로 통제하려한 플라톤이나, 수시로 시스템을 만들고 고치는 우리나라 공교육의 모습은 어딘가 닮아 있다. 또 국가를 최고의 지성인 철학자가 운영해야 한다고 주장한 것이나, 정부의 고위직 대부분을 명문대 출신으로 채우는 우리나라의 정치 시스템 또한 크게 달라 보이지 않는다. 대치동으로 대표되는 대한민국 교육의 현실도 고대의 엘리트 교육을 현재에 실현시켜 더 나은 아이들의 미래를 보장해 주고자 하는 어른들의 욕구에서 비롯되었을 것이다. 불완전하고 불확실한 시스템은 부모들로 하여금 불안을 안고 살아가게 만든다.

인간은 누구나 잘살고 싶어 한다. 여기서 '잘 사는 것'은 사람들마다 다르게 생각할 수 있다. 어떤 사람들에게는 단순히 편안하고 안정된 생활을 영위하는 것일 수 있고, 어떤 사람들에게는 정치적 권력과 물질적 풍요를 누리는 것일 수 있다. (『플라톤의 국가-정의를 꿈꾸다』 장영란)

개인에게 자신이 원하는 삶의 방향을 정해서 살게 하면 될 것을 플라톤은 왜 굳이 국가가 나서서 교육을 시키고 제도화해야 한다고 말했을까. 개인의 판단력을 믿지 못한 플라톤은 불안했다. 그럼에도 그는 인간에 대한 희망을 아주 버리지는 않았다. 그는 소크라테스의 주장을 빌어 인간에 대한 믿음을 슬쩍 표현한다.

소크라테스는 여전히 '사람 고쳐서 쓰는 것이 가능하다'고 생각하였다. 인간에 대한 절대적인 희망을 갖지는 않지만 시스템만을 의존하지도 않는다. 개인이 교정 가능해야, 즉 정의로워질 가능성이 있어야 국가 전체도 정의로워질 수 있다. (『플라톤 국가 강의』 이종환)

결국 아무리 좋은 제도가 있어도 가장 바람직한 변화는 개인의 변화로부터 시작된다는 것을 그도 알고 있었을 것이다. 바로 이것이 우리나라 사교육의 대표 성지인 대치동의 존재 이유가 되었으면 좋겠다.

신이 되어 버린 사람들, 그 이름 엄마

그대, 신이 되려하는가? 그러나 인간은 신이 될 수 없다. 아마도 사이비 종교에서나 가능한 일일 것이다. 부모라는 이름으로, 내 아이를 위해서라면 신이라도 되어서 뭐든 다 해 주고 싶겠지만 아이에게 스스로 자신의 삶을 확장시킬 수 있는 기회를 주는 것이 어떨까. 나는 대치동에서 신이 되어 버린 다양한 군상들을 보았다. 그중 최고의 신은 '엄마신'이다. "넌 내가 낳았으니 내가 제일 잘 알아. 그러니까 다른 생각하지 말고 엄마가 시키는 대로만 해. 그러면 성공할 수 있어." 이미 인간의 경지를 넘어 마치 신처럼 모든 것을 통제하려 드는 엄마신들 말이다. 세상에는 엄마의 중요성을 강조하기 위해 신화처럼 전해져 오는 말이 있다. 바로 '작은 하나님' 이야기다.

"하나님 보시기에 세상이 너무 넓어서 혼자서 다 관리할 수 없어 집집마다 작은 하나님을 하나씩 보내 하나님의 일을 대신하도록 시켰는데 그 사람이 바로 엄마다.”

그렇다고 엄마를 정말 신이라고 생각하는 사람은 없을 것이다. 19세기 영국 최고의 공리주의 철학자 존 스튜어트 밀은 생각의 자유에 대해 다음과 같이 말했다.

> 생각의 자유를 억압하는 것은 강도질과 같다. (……) 지금 우리는 사회가 설정한 성공의 기준에 맞춰 강하게 종용받고 있다. 그것은 (사회가 만든 것으로서) 우리와 무관하지만 그에 대한 사회적 압력이 여간 심한 것이 아니다. (『자유론』 존 스튜어트 밀)

인간 개개인의 가치는 그 주체가 사회든 개인이든 통제할 수 없다. 모든 인간은 자신의 인생을 어떻게 살 것인지 선택할 권리가 있다. 어떻게 살 것인지, 누구와 같이 살 것인지, 무엇을 먹고 무엇을 입을 것인지, 어떤 생각을 가지고 어떤 목표로 살아갈 것인지 등 인격을 가지고 태어난 모든 인간은 자신의 인생을 원하는 대로 꾸릴 수 있는 권리를 갖는다. 아무리 부모라도 사랑이라는 이름으로 그 권리를 강도질해서는 안 된다. 사람마다 입맛이 다르고 옷 입는 취향도 다른데 우리 사회가 지향하는 성공의 기준만은 너나없이 획

일적이다. 대치동에 와서 놀란 것 중 하나가 '○○유치원 → ○○초등학교 → 캐나다 2년 유학 → ○○중학교 → ○○외고 또는 자사고 → S대학'처럼 성공의 공식이 정해져 있는 것이었다. 대치동뿐만 아니라 어디서든 일어날 수 있는 오류 중 하나가 부모가 아이들의 인생 진로를 결정해 주고 따라오기를 바라는 것이다. 부모의 뜻대로 성장하면 착한 아이로 사랑받을 수 있다. "내가 하루를 살아도 너보다 더 살았고, 그만큼 경험도 많으니까 넌 그냥 엄마가 하자는 대로만 하면 돼." 자식이 지금 뭘 하고 싶은지 그리고 뭘 좋아하는지 알고 싶어 하지 않는다. 다만 유치원부터 대학교 진학까지의 스케줄표를 머릿속에 그려 놓고 좀 더 나은 정보가 없을까 온 신경을 곤두세운다. 적어도 우리 아이들은 나보다 나은 인생을 살게 해 줄 거라는 굳은 의지를 다지며 그게 사랑이라고 믿는다. "우리가 힘들더라도 아이들만 잘 된다면 그보다 더 좋은 일이 어디 있겠어." 부모의 맹목적인 희생, 맹목적인 사랑은 아이가 그것을 원할 때에만 축복이 된다는 사실을 잊고 있지는 않은지.

우리는 자신에게 도움이 된다고 생각되는 방향으로 자기 식대로 인생을 살아가다 일이 잘못돼 고통을 당할 수도 있다. 그러나 설령 그런 결과를 맞이하더라도 자신이 선택한 길을 가게 되면 다른 사람이 좋다고 생각되는 길로 억지로 끌려가는 것보다 궁극적으로는 더 많은 것을 얻게 된다. 인간은 바로 그런 존재이다. (『자유론』 존 스튜어트 밀)

우는 엄마와 웃는 엄마

"걱정하는 엄마 생각은 안 해? 너까지 이러면 엄마 정말 힘들어."

"그치, 엄마는 맨날 그 소리지. 힘들다, 죽겠다, 그러니까 네가 엄마 좀 이해해라. 그럼 나는? 나는 누가 이해해 주는데? 나 힘든 건 누가 알아주는데!"

"내가 누구 때문에 희생을 하는데, 네가 어떻게 나한테 이럴 수 있니?"

"내가 밖에서 무슨 짓을 저지르든 그건 다 엄마 탓이야!"

얼마 전 우연히 나를 텔레비전 앞에 멈춰 세운 드라마 속 대사이다. 드라마 제목도 생각나지 않는데 우리 도서관에서 2011년 ~2014년까지 4년 동안 진행했던 〈비폭력 대화〉에 참석한 어머니들이 서럽게 울면서 토해 내던 아이들과의 대화 내용과 너무 흡사해서 놀랐다. 비폭력 대화는 미국의 심리학자 마셜 B. 로젠버그

Marshall B. Rosenburg의 대화법으로, 사람들 간에 유대 관계를 형성하기 위해 관찰, 느낌, 욕구, 부탁의 네 단계로 나누어 상대방의 말을 있는 그대로 인정해 주고 공감해 주는 대화 방법으로써 우리나라에서는 캐서린 한 선생님이 전파하여 많은 사람들에게 도움을 준 심리 프로그램이다. 대치도서관에서는 캐서린 한과 『아이는 사춘기 엄마는 성장기』의 저자 이윤정 선생님이 공동으로 프로그램을 운영하였는데 젊은 엄마들이 유난히 많이 참석하여 프로그램이 진행되는 3시간 내내 눈물을 펑펑 쏟아 냈다. 무슨 설움이 그리 많았는지 엄마들의 눈물은 마르지를 않았다. 대치동에서 아이들을 교육시키며 받는 스트레스가 어마어마하게 크다는 것을 그때야 비로소 실감하게 되었다.

몇 년 전이었던가. 한번은 이런 일도 있었다. 도서관에도 자주 오고 공부도 잘하던 외국어고등학교 3학년 학생이 있었는데 입시가 끝나고 한참 동안 보이질 않았다. 몇 달 후 학생의 어머니가 도서관에 오셨는데 원래 밝았던 얼굴에 수심이 가득해 보이고 조금 야윈 듯도 했다. 조심스러운 마음에 아무것도 묻지 못하고 있는데, 불쑥 "우리 애 고려대학교 갔어요." 하는 게 아닌가. "어머, 축하드려요!" 했더니, 속상하고 창피해서 어디에 말도 못했다는 것이다. 의대까지는 아니더라도 서울대는 갈 줄 알았다는 주변 사람들의 말에 자꾸 눈물이 난다며, 아마도 그 어머니는 '대치동으로 가면 니 새끼가 뭐라도 될 줄 알았지?'라고 생각하는 세상의 시선에 지친 것 같았다.

"어머니, 저는 우리 애가 고대 갔으면 아파트 앞에 현수막이라도 걸고 자랑했을 거예요. 충분히 잘했어요. 제가 자랑스러워해 줄게요. 속상해하지 마세요. 왜 나의 삶을 다른 사람의 기준에 맞추어 불행을 쇼핑하세요? 그러지 마세요. 그리고 오늘 집에 가시면 아들을 꼭 안아 주면서 '엄마는 네가 너무 자랑스러워! 그리고 사랑한다'고 말해 주세요. 내일부터 아들이 좋은 친구가 될 겁니다. 그리고 어머니는 다시 웃는 엄마가 될 수 있어요." 그 후로 다행히 그 학생의 어머니는 아주 작은 일만 있어도 도서관을 찾아와 이런저런 의논을 하며 다시 웃음을 되찾았다. 아들과도 정말 좋은 친구처럼 지낸다며 행복해했다. 사람은 저마다 다른데 같은 기준에 맞추어 평가를 당하니 엄마는 매일 슬프고 그런 부모를 보는 아이들은 불행해지는 게 아닐까? 누군가 바라지도 않은 희생을 스스로 자원해서 해 놓고 그 보답을 요구한다면 그 기분이 어떨까? 돈을 빌린 적도 없는데 어느 날 갑자기 내 인생 통장에 엄청난 부채가 생긴 것이다. 그 사채업자가 부모라면, 어디든 멀리 도망가 버리고 싶은 마음이 생기지 않겠는가?

절대적으로 확실한 것은 있을 수 없다. 그러나 인간의 삶의 목적들을 이루는 데 필요한 행동들이 무엇인지를 결정하는 데 크게 도움이 되는 것은 얼마든지 찾을 수 있다. 우리는 각자의 생각이 자기 자신의 행동을 인도하는 진정한 길잡이가 될 수 있음을 믿어도 된다. 아니 반드시 그렇게 믿어야 한다. (『자유론』 존 스튜어트 밀)

돌아가는 길도 길이다

나는 대치동에서 자식을 행복하게 키우는 엄마들을 많이 만났다. 대표적인 사람들이 책을 읽는 엄마들이었는데 특히 인상 깊었던 사람이 있다. 지금은 이사를 가서 자주 볼 수 없지만 내게 자녀들은 저렇게 키워야 한다는 가르침을 준 사람이다. 친구처럼 따뜻하고 봄바람처럼 우아하지만 겨울바람 같은 단호함으로 아들 둘을 키워 낸 우리 도서관 단골손님이었던 조은영 님 이야기다.

2012년 4월쯤으로 기억한다. 청소년 영어독서토론 'READ & TALK'에 큰아이를 참여시키기 위해 당시 초등학교 5학년이던 경민이와 4학년이던 현유, 이렇게 두 아들을 데리고 도서관을 방문하였다. 아이가 참여할 프로그램에 대해 자세하게 물으며 자신은 아이들의 영어 공부를 위해 캐나다에 2년 동안 있다가 돌아온 지 얼마 안 되었다고 하였다. 그날 이후 아이들과 어머니는 최소 일주일에 2회 이상 도서관을 찾아와서 책도 읽고 다양한 프로그램에도 참여하면서 우리 도서관 최우수 고객이 되었다.

경민이와 현유는 수학은 학원을 다니고 영어와 국어는 독서를 통해 스스로 공부할 수 있는 기회를 가졌다. 그때나 지금이나 대치동에 살면서 넘쳐 나는 학원의 명강사들을 뒤로 하고 자기주도학습을 한다는 것은 용기가 필요한 일이다. 인상적이었던 것은 아이들이 읽는 책을 엄마가 항상 같이 읽는 것이었다. 아이들과 책 내용으로 토론도 하고 자신들만의 책도 쓰게 하였다. 처음에는 간단한 동화책을 가지고 그 책의 포맷은 그대로 둔 채 주인공들만 바꾸어 스토리를 만들어 가게 했고 그 스토리의 질에 상관없이 인터넷으로 출판을 하여 항상 한 권의 책으로 묶어 주었다. 매년 아이들 생일 기념으로 제작을 하였는데 아이들이 중학생이 되었을 때는 이미 자신들의 이름이 새겨진 여러 권의 책을 소유한 아마추어 작가가 되었다. 인터넷으로 비매품 책 한 권을 제작하는 것은 30만 원 정도의 비용이면 충분하다. 아이들은 엄마와 눈을 맞추며 웃고 친구처럼 지냈다. 조급함이 전혀 없었다.

그러던 어느 날 갑자기 경민이네 온 가족이 사라졌다. 경민이가 고등학생이 될 때까지 도서관에서 청소년 멘토로 활동을 했는데 갑자기 온 가족이 사라진 것이다. 그리고 3년이 지난 올해 경민이가 돌아왔다. 강남구청에서 군 복무를 하고 있다고 했다. 당시 갑자기 사라졌던 경위를 물으니 할머니가 아프셔서 경기도 광주로 이사를 가게 되었고 자신은 그해 미국으로 공부를 하러 갔다는 것이다. 경민이는 뉴욕 프랫 인스티튜트Pratt Institute에서 미술을 전공하다가 군 복무를 위해 잠시 한국에 돌아와 있고 동생 현유는 고려대학교 스포츠 경영학과에 입학했으며 엄마는 서울대학교에서 다시 피아노를 가르치고 있다는 소식을 전해 주었다. 그리고 자신은 대치도서관에서 자유와 상상력을 배웠다며, 한국에 있는 동안 도서관에서 봉사활동을 하고 싶다는 포부를 밝혔다. 현재 경민이는 청소년을 대상으로 문학과 현대미술을 접목한 〈문학ON, 미술ON〉이라는 프로그램을 진행하며 자신의 재능을 나누고 있다. 인간관계의 선순환이 이루어진 것이다.

우리들 대부분은 검증된 길을 가고 싶어 한다. 안전하다고 생각하기 때문이다. 정해진 길이 따로 없는 인생행로이니 다른 사람들이 이미 걸어간 길을 따라서 걷고 싶은 것이다. 한국인들이 사랑하는 세계의 명시, 로버트 프로스트의 「가지 않은 길」에는 내가 가 보지 못한 길에 대한 아쉬움과 선택의 어려움이 잘 표현되어 있다

대치도서관은 2013년부터 서울대 공신클럽과 연계하여 강남구와 서초구 내에 있는 중학교와 고등학교를 대상으로 공부법 멘토링을 진행하고 있다. 『공부의 신』의 공저자이기도 한 유상근 작가와 3년 정도 진행했고 그 후 '서울대 공부하는 청년들' 대표 조승우 작가와 함께 수십 번이 넘는 공부법 멘토링을 진행해 오고 있다. 지난 6월 8일에도 대청중학교에 조승우 작가와 동행하여 학생들을 대상으로 공부법 강연을 진행했다.

지금껏 수많은 청년들을 만나면서 들은 이야기 중 공부를 잘하는 가장 좋은 방법은 확실하게 복습을 하는 것이다. 아무리 많은 것을 배워도 그것을 정확하게 이해하고 숙지하지 않으면 좋은 성적을 낼 수 없으므로 감당할 수 있는 만큼의 계획을 세우라는 것이었다. 이들 중에도 한 번쯤 좌절하지 않은 사람이 없고 병원에도 실려 가는 등 다양한 성장 과정들이 있었다. 물론 학원도 다니고 과외도 하고 자기소개서에 들어갈 온갖 스펙을 쌓기도 하였지만 자신이 뭘 원하는지 정확한 목표가 있을 때에야 공부에 탄력이 붙고 성적을 낼 수 있었다는 이야기를 가장 많이 들었다. '공부의 신'이라는 그들도 어디로 가야 하는지 또 자신이 가는 길이 옳은 길인지 늘 고민한다. 내 아이들이 가는 길도 만만치 않을 것이다. 그 길잡이가 되어 주고 싶은 부모의 마음이야 오죽하겠는가. 부모라면 당연히 내 자식이 힘들게 돌아가지 말고 성공의 고속도로를 달리기를 바란다. 하지만 넘어지지 않고 바로 일어나 걷는 사람은 없다. 아이들이 넘어질까 봐 혹은 쉬운 길을 두고 먼 길로 돌아갈까 봐 걱정하지 않아도 된다. 돌아가는 길도 길이다. 여러 번 넘어지고 돌아서 간 내 아이들의 성장기를 꺼내 보려 한다.

대치동 밖에서 키운 아이들

나는 대치동에서 아이들을 키우지 않았다. 처음부터 대치동에 대한 판타지가 없었다. 연년생으로 딸아이 둘을 낳고는 고민 없이 하던 일을 그만두었다. 모든 부모에게 자식은 다 귀하다. 나 또한 이 아이들을 영국의 이튼스쿨에라도 보내야 하는 게 아닌가, 아주 잠깐 고민했었다. 나 혼자 꾸는 일장춘몽이었다. 아이들이 우유를 먹던 시기부터 신문 사설을 읽어 주고 길에 데리고 다니며 보이는 대로 사물을 설명해 주곤 하였다. 아무것도 모르는 초보 엄마라서 학교 다닐 때 읽은 교육학 책에서 배운 게 다였다. 아이들의 사고와 인지 능력, 언어 능력이 3세 때 80%가 완성된다는 것과 그 능력을 평생 사용하며 살아간다고 주장한 교육학자들의 말을 믿었다. 1년 사이에도 개인의 성장 속도에 따라 수없이 많은 편차가 생길 수 있다는 것을 시간이 지난 후 알게 되었다. 나에게는 막연하지만 아이들을 자유롭게 키우고 싶다는 욕망이 있었다. 우리 아이들은 유치원도 딱 1년만 보냈다. 사회성만 배우면 됐지 일찍부터 제도권 안에서 반복되는 교육을 시키고 싶지 않았다. 다만 욕심을 부린 것이 있다면 악기를 하나씩은 다루었으면 했다. 내가 아이들을 키우던 때에는 피아노를 가르치는 것이 당연했는데 나 또한 두 아이를 개성도 없이 피아노 학원에 보냈다. 아이들은 시작하고 1년쯤 되었을 때 겨우 바이엘 100번을 치고는 피아노 학원에 가기 싫다고 떼를 썼다. 포기가 안 되었던 나는 결국 선생님을 집으로 모셨고 어떻게든 가르치려 노력했으나 체르니 30번도 못 치고 결국 그만두었다. 지금은 본인들도 후회가 되는지 가끔 원망 아닌 원망을 한다.

"엄마가 그때 억지로라도 시켰어야지. 애들이 뭘 안다고 그렇게 의견을 존중하고 그러셨어요?"

"얼씨구 뭐라는 겁니까? 그때 피아노 치기 싫다고 울며불며하던 거 기억 안 나십니까?"

"아니, 어린애들이 뭘 알아, 때려서라도 시켰으면 지금 얼마나 좋아?"라고 말은 하지만 본인들도 아쉬워한다.

우리는 아이들이 아주 어릴 때부터 여행을 많이 시키려 노력했다. 가능하면 많은 세상을 보여 주고 싶었다. 자는 아이들을 차에 싣고 새벽을 달려 해 뜨는 것을 보여 주려 정동진에 가기도 하고, 우리나라 지도를 길가에 펼쳐 놓고 주사위를 던져 선택된 도시를 무작정 찾아가기도 했다. 그렇게 달리다가 길가에 음식점이 있으면 잠시 들러 밥을 먹기도 하고 바다가 나오면 바닷가에서 하룻밤 묵으면서 이야기꽃을 피우기도 했다. 아이들이 예술을 가까이 하며 자라게 하려고 서초동 예술의 전당에 데리고 가서 놀이터처럼 놀게도 하였다. 그러다가 마침 김흥수 화백이 미술 영재를 뽑아 1주일 동안 그림을 가르치는 이벤트를 진행한다고 해서 두 아이를 다 참여시켰는데 미술에 재능이 있던 큰아이는 떨어지고 생각지도 않던 작은애가 뽑히게 되었다. 왼손잡이였던 작은아이가 느린 속도로 밑에서부터 위로 그림을 그리다가 시간이 부족해서 목만 있고 머리가 없는 사람을 제출했는데 뜻밖에도 그것이 심사위원들 눈에는 전위적이고 창의적으로 보였던 것이다. 당시는 집안의 평화를 위해 두 아이에게 모두 떨어졌다고 이야기하고 참가를 하지 않았다. 혹시라도 큰아이가 상처를 받을까 고심하여 내린 결정이었다. 아이들이 어느 정도 자란 후에 사실대로 말하고 작은애에게 사과를 했다.

"정하, 미안했어."

"괜찮아, 어차피 그림을 그릴 것도 아니었으니까."

아이는 쿨하게 사과를 받아주었다. 그때 기억도 거의 나지 않는다고 했다. 그렇게 아이들의 어린 시절에 나는 대한민국 한복판에서 멋을 부리며 철없는 엄마로 살았다. 아이들이 초등학교에 입학할 때쯤에는 여행을 갈 때마다 스케치북을 들고 다녔다. 바닷가에서, 한라산 중턱에서 어디든 가는 곳마다 그림을 그리며 놀았다.

엄마, 나는 대학에 갈 수 없대!

큰딸 정원이는 대학을 가기 위해 선생님의 편견과 맞서 싸워야 했다. 굳이 아이들에게 공부를 강요하지도 않았지만 정원이 역시 그림 그리는 것에만 관심이 있었지 일반적인 공부에는 관심도 없고 열심히 하지도 않아 성적이 좋지 않았다. 조금 아쉽긴 했지만 평생 그림을 그리면서 살고 싶다는 아이에게 굳이 하고 싶지도 않은 국, 영, 수 위주의 공부를 하라고 강요할 생각도 없었다. 그렇다고 우리 아이가 최소한의 사회생활을 하는 데 필요한 만큼의 지식이 모자랄 정도로 부진한 것도 아니었다. 지금도 나는 왜 모든 사람이 국, 영, 수 위주의 공부를 해야 하는지 이해가 되지 않는다.

그림을 좋아해서 그림으로 대학을 가려고 하는데 그 과정이 순탄치 않았다. 대한민국은 분명 선택의 자유가 있는 나라인데 개인의 의견이 완전히 무시당하는 이해하기 힘든 일들이 일어났다. 우리나라 입시생에게는 암묵적인 틀이 이미 만들어져 있었다. 나와 남편은 아이들이 대학을 가는 건 본인들의 선택이니 크게 관여하지 않는다는 주의였다. 지금 생각하면 부모가 아이들의 진로에 필요한 정보 정도는 같이 찾아 봐 주고 함께 의논을 해 주었어야 했다. 이 부분은 아이들에게 평생 미안함으로 남아 있다.

얼마 전 한 방송에서 가수 김윤아가 아들에게 세상을 살아가는 방법을 일일이 가르쳐 주어야 하는 이유에 대해 이야기하는 걸 들었다. "아이에게 물어보지도 않고 세상으로 소환해 놓고, 부모가 뒷짐 지고 있으면 안 되잖아요." 참 현명한 엄마구나. 나는 직무유기를 한 것인가 하는 생각에 잠시 부채의식이 들기도 했지만, 다른 방법으로 사랑했으니 충분하다는 생각에 스스로를 위안했다. 이렇게 무지했던 나에게 아이의 입시는 놀라움의 연속이었다. 세상에! 미술대학을 가는데 내신 성적이 1, 2등급이 안 되면 일명 일류 대학은 원서도 내지 못한다는 사실을 너무 늦게 알았던 것이다. 그림을 그리고 싶은데 이과나 문과에서 필요한 모든 과목을 다 잘해야 하고 별도로 알아서 그림까지 그리라는 것이었다. 더 이상한 것은 아예 실기 시험을 보지도 않고 성적만으로 학생을 선발하는 미술대학도 있다는 것이다. 이렇게 정량적 평가로 기능인을 배출하는 것이 과연 대한민국의 미래에 무슨 도움이 되는지 길 가는 사람이라도 붙들고 물어보고 싶은 심정이었다.

하루는 고3인 큰아이가 정규 수업이 끝나고 미술학원에 가야한다고 담임선생님께 말했더니 선생님 왈, 저녁 10시까지 야간 자율학습을 마친 후에 가라고 했단다. 아니, 그 늦은 시간에 문을 여는 학원이 어디 있단 말인가. 아이가 자기는 그림을 못 그리면 죽을 거라면서 엉엉 울었다. 너무 이상해서 아이에게 물었다.

"미대에 갈 거라고 말씀 드렸어?"

"말했어. 그런데 나는 공부를 못해서 4년제 대학에는 절대 못 들어간다고 하셨어."

"선생님이 왜 그렇게 말씀을 하시지? 자기반 학생한테."

"몰라, 내가 4년제 대학에 들어가면 선생님 손가락에 장을 지진대. 흑흑."

그 말을 듣는데 속으로는 '이 미친!' 하고 욕이 나왔지만 나라도 이성을 찾자는 마음에 화를 꾹 누르면서 생각했다. 도대체 학교에서 왜? 왜 이렇게까지 학생에게 상처를 주지? 다음 날 학교로 담임선생님을 찾아갔다. 사정 이야기를 하고 아이가 미술학원을 갈 수 있도록 허락을 해 달라고 부탁을 했다.

"어머니, 안 됩니다. 정원이만 '특별 대우'를 해 줄 수는 없어요."

"그게 왜 특별 대우인가요? 그림을 그리고 싶다는 아이에게 무조건 수능 위주의 공부를 하라고 하는 게 형평성에 맞는 건가요?"

"그건 우리 지역 입시 담당 부장들이 모든 학생이 동일하게 야간 자율 학습을 하는 것으로 합의를 해서 방법이 없습니다."

순간 욕이 나올 뻔한 것을 꾹 참아야 했다.

"알겠습니다. 그럼 선생님이 말씀하신 대로 할 테니 우리 아이가 가고 싶은 대학에 반드시 들어갈 수 있게 해 주세요. 약속할 수 있으시죠?"

"어머니, 그게 무슨 억지 말씀이세요. 학생이 공부를 잘해야 대학을 가는 거지, 제가 그걸 왜 약속을 합니까?"

선생님도 나만큼이나 어이없는 표정이었다. 그러나 자식의 앞날이 달려 있는 일이라 물러설 수 없었다.

"그럼 선생님, 도대체 누구를 위한 규칙인지 저는 모르겠지만 교장선생님을 뵙고 의논을 하고 안 되면 교육청에 문의를 할게요."

"아니, 어머니, 저하고 말씀하세요."

"선생님 힘으로는 안 된다면서요?"

"방법이 하나 있기는 합니다. 장기 치료가 필요하다는 진단서를 가져오시면 수업 후 시간을 빼 줄 수 있어요."

나는 더 이상 잔다르크처럼 싸울 수가 없었다. 장기 진단서를 학교에 제출하고 상처투성이가 된 우리 아이는 그렇게 자신의 시간을 찾았다. 누구보다 열정적인 정원이는 비록 재수도 하고 일류 대학은 아니지만 4년제 미대를 나와 지금은 너무나 건강한 사회인으로 직장 생활을 하면서 공부를 더 하기 위한 준비를 하고 있다.

엄마, 내가 우리 반에서 꼴찌야

둘째 딸 정하는 생각만 해도 미소가 지어진다. 이 아이는 모든게 늦었다. 워낙 약하게 태어났고 주로 사용하는 손도 왼손이다 보니 더 그랬던 것 같다. 5살 때까지는 가끔 소변도 가리지 못했고, 코 풀기, 가위질 하기, 그림 그리기 등 모든 면에서 대체적으로 늦었는데 다행히 책 읽기를 좋아해서 글씨를 깨우치는 건 빨랐다. 그래서인지 한 살밖에 차이가 나지 않는 언니가 동생을 아기 새 품듯이 보호했다. 물론 초등학교를 지나 사춘기 때는 전쟁을 치르듯 싸웠고 지금은 다시 친구가 되었다. 정하는 집 앞에 있는 초등학교를 다녔는데 자주 준비물을 잊고 학교에 가서 혼나곤 하였다. 다른 엄마들은 준비물을 챙겨서 학교에 가져다주기도 하는데 우리 엄마만 안 그런다고 서운해했다. 나는 그때도 일을 하고 있었지만 집에 있었다 해도 준비물을 챙겨서 학교로 가져다주지는 않았을 것 같다. 그건 아마도 내가 시골에서 야생으로 살아서 그런 감각이 없어서일수도 있고, 한번 혼이 나 봐야 다음번엔 알아서 잘 챙겨 가겠지 하는 마음도 있어서일 게다. 그러던 정하가 2학년에 올라가서 얼마 지나지 않은 어느 날이었다.

"엄마, 오늘 우리 반장 뽑았어."

"어 그래, 누가 반장이야?"

"엄마, 나야."

"뭐라고? 네가 반장이 되었어!"

놀랍기도 하고 뜻밖이기도 했지만 나는 좋은 추억이니 열심히 하라고 축하해 주었다. 엄마에게는 아직 너무 애기 같은데 반장이라니 피식 웃음이 나왔다. 앞으로 닥칠 일을 그때는 전혀 몰랐다. 그날 이후 나는 수시로 학교로 불려가 반장 엄마로서 해야 할 무수히 많은 일들을 해야 했다. 이미 초등학교부터 대학까지 다 다닌 학교를 다시 다니는 것 같았다. 어쩌면 나는 체질상 치맛바람을 휘날리는 엄마 역할은 못하는 사람이었던 같다. 정하와 협상을 해야 했다.

"정하야, 엄마 너무 힘들어."

"왜?"

"정하가 반장이 된 다음부터 엄마가 다시 학교를 다니는 것 같아."

"그래? 엄마 미안해."

"정하에게 좋은 추억이니 한 번만 하고 다음에는 다른 걸 하자."

"응, 알았어."

이렇게 우리 정하의 반장놀이는 엄마의 애원에 따라 한 학기로 마무리되었다. 조금 미안했지만 이제 다시 나의 삶으로 돌아가는구나 기대하고 있을 즈음, 학교에 갔던 우리 아이가 신나서 돌아와 신발도 채 벗지 않고 소리쳤다.

"엄마, 나 무용반에 들어갔어!"

뜻밖이었다. 마르긴 했지만 특별히 유연하지도 않고 음악적으로도 음치에 박치인 데다 몸치인 엄마의 유전자를 받아 태어난 아이인데 무용이 가능한 일인가 걱정이 되었다. 하지만 그냥 방과 후 취미로 하는 것이니 크게 신경 쓰지 않기로 했다. 나의 작은 소망이라면 학교는 아이가 알아서 하고, 나는 나의 일을 하는 평범한 생활이었다. 그런데 취미로 시작된 정하의 무용은 초등학교 4학년부터 본격적으로 전문 선생님 밑에서 지도를 받으며 대회에 나가는 수준이되었다. 학교 반장 엄마의 역할은 일도 아니었다. 학원 뒷바라지에 대회를 나갈 때마다 학교에 가서 허락을 받아야했다. 새벽부터 대회장을 쫓아다니느라 너무 바빴다. 선생님 말씀으로는 정하가 음악에 대한 분석력이 뛰어나서 그것을 행위로 표현하는 데 굉장한 소질이 있다는 것이다. 다행이긴 한데 한편 나의 개인적인 욕망은 버려야 했다. 정하는 대회에서 상도 많이 받고 6학년 때는 샌프란시스코로 초청 공연을 다녀오기도 했다. 물론 중학교도 무용 특기생으로 들어갔다. 이렇게 우리 정하는 무용인으로 세상을 살아가려니 했다. 그런데 아이가 중학교에 들어가면서 집에서 하던 사업이 어려워지기 시작했다. 모든 예술이 그렇지만 무용도 가르치려면 적지 않은 돈이 드는 분야이다. 아무리 그래도 어떻게든 지원을 해 줘야지 하고 있는데 정하가 중학교 2학년이 되었을 무렵 집안의 경제 사정과 상관없이 이제 무용을 하고 싶지 않다고 선언했다.

"정하야, 왜 무용이 하기 싫어?"

"엄마, 나는 지금까지 무용을 해서 참 좋았는데, 평생 무용을 하면서 살고 싶지는 않은 것 같아."

"후회하지 않을까?"

"다른 거 하면 되지."

"그래, 그러면 그렇게 해."

내가 이렇게 흔쾌히 동의한 데는 믿는 구석이 있기 때문이었다. 정하는 무용 특기생이었지만 늘 성적이 상위 10% 안에 들었다. 무용을 안 하고 공부만 하면 성적이 더 좋아질 테니 걱정할 게 없다는 생각이 들었다. 하지만 인생이 어디 그렇게 생각한 대로만 되던가. 아이의 성적은 낙엽 떨어지듯이 하락했다. 이유는 간단했다. 전에는 무용이 좋아서 공부도 더 열심히 했는데 그 꿈이 사라지니 방황하기 시작하면서 그 끔찍한 사춘기를 고1이 될 때까지 마치 인생을 포기한 듯이 놀았던 것이다. 무용을 그만두기로 한 것이 본인의 선택이었음에도 불구하고 세상의 모든 재미가 사라진 것처럼 붙잡을 끈이 없어졌다고 느꼈던 게 아닐까. 그 시절 엄마인 나도 나름 힘든 일이 많았던 터라 아이의 고민을 들어줄 수가 없었다.

그리고 불길한 예감은 틀리지 않았다. 학교에서 연락이 왔다. 정하가 방과 후에 친구들과 맛집을 찾아다니는 특별활동을 하고 있었는데 술병을 탁자 위에 올려놓고 사진을 찍어서 SNS에 올린 것을 학교에서 알게 되어 학부모를 소집했다는 것이다. 학교로 가는 내내 하늘이 노랗고 가슴이 벌렁거렸다. 떨리는 마음으로 학생주임 선생님을 만났는데 대뜸 이렇게 말씀하셨다.

"원래 이런 애들이 문제를 일으켜요."

"이런 애들이라니, 어떤 애들을 말씀하시는지요?"

"성적이 안 좋은 애들이요, 모르셨어요?"

그리고 비웃듯이 나를 쳐다보는 선생님의 시선에 '왜 이렇게 될 때까지 모르고 있었을까?' 가슴이 미어졌다. 내가 지금 여기서 따지고 들어 무엇 하겠으며 사실이 아닌 것도 아니지 않은가? 눈물이 났다. 다행히 학교에서는 처음 있는 일이고 잘못을 뉘우치는 아이들을 생각해서 일정 기간 청소를 하는 것으로 처벌을 대신하였다. 다리에 힘도 없고 마음도 무너져서 겨우 학교에서 나오는데 정하에게서 문자가 왔다. "엄마, 미안해." 이 말에 모든 게 용서가 되었고 나에게 연락을 하기까지 얼마나 힘이 들었을까 정신이 번쩍 들었다. 나도 문자를 보냈다. "정하 힘들었겠다. 힘내!"

이쯤에서 모든 일이 잘 끝나면 좋았겠지만 이만큼 학교생활이 엉망이 되었으니 당연히 후속 문제가 따랐다. 그 일이 있고 얼마 후 우리 아이가 내 눈앞에 성적표를 내밀면서 소리도 내지 않고 주르륵 눈물을 흘렸다.

"엄마, 내가 우리 반에서 꼴찌야."

"뭐라고?"

"전교에서도 거의 꼴찌야. 어떻게 생각해?"

마음으로 울고 있는 아이를 쳐다보고 아무 말도 할 수 없어서 한참을 가만히 있었다. 제일 먼저 드는 생각은, 그 빛나던 우리 아이가 이렇게 될 동안 나는 어디 있었나였다. 나 스스로 내가 너무 미웠다. 그리고 두려웠다. 아이가 자신을 놓아 버릴까 봐 눈앞이 깜깜했다.

"정하야, 무섭니?"

"어떻게 해?"

"이제 더 이상 내려갈 데가 없으니 올라가면 되지. 그런데 내려오는 것보다 올라가는 게 훨씬 오래 걸리고 힘들 거야. 하지만 포기하지 않으면 할 수 있어."

결론부터 말하면 정하는 자신을 포기하지 않았다. 다행히 정하의 재능을 알아본 담임선생님께서 정하에게 작가의 길을 추천해 주셨고 남은 고등학교 기간 내내 열심히 공부한 정하는 대학을 문창과로 갔다가 대학 2학년을 마친 후 영화를 하고 싶다며 다시 예술대학 방송영상과를 입학하여 4년 내내 성적우수 장학금을 받으면서 다녔고 대학을 차석으로 졸업했다. 현재는 광고회사에서 영상기획 PD로 열심히 일하면서 시나리오 작업도 병행하고 있다. 언젠가 자신의 글로 영화를 만들겠다는 꿈을 실현하기 위해 치열하게 살고 있다. 가끔 너무 열심히 사는 아이에게 지치지 않느냐고 물어보면, "엄마, 다른 사람들도 다 꿈을 이루기 위해 힘들게 살아. 나만 특별히 힘든 건 아니야"라고 말한다. 아프지 않은 청춘이 없고 이야기가 없는 인생 드라마가 없다더니, 우리 정하의 야야기는 그야말로 한 편의 드라마다. 이렇게 성장한 두 아이는 현재 나에게 가장 좋은 친구가 되었다.

태양을 닮으라 한다

19세기 독일 철학자 니체는 "인간은 몰락을 통해 새로워져야 한다"고 주장한다. 내 안에 존재하는 기존의 것들이 모조리 없어지지 않으면 새로운 삶의 씨앗을 만들어 내기가 어렵기 때문이다.

가치의 변화, 그것은 다름이 아니라 창조하는 자의 변화를 말한다. 창조하는 자가 되려는 자는 언제나 파괴하게 마련이다. (『차라투스트라는 이렇게 말했다』 니체)

니체가 말하는 '기존의 것들'이란 근대가 만들어 낸 합리성, 과학, 도덕주의, 윤리, 합의, 가치 등으로 이런 것들도 인간을 구속하는 또 다른 신, 또 다른 사슬에 불과하다는 것이다. 이 세상에 불변하는 것이나 절대적인 것은 없으니 스스로 자신의 삶을 해방시키고 자신의 힘에 의지하여 삶을 개척해야 한다는 것이다. 우리는 아이들에게 또 다른 신을 강요하고 있는 건 아닌지 생각해 볼 일이다. 우수한 성적, 좋은 대학, 직업, 성실함, 돈, 권력, 성공 등 아이들 스스로 자신의 삶을 개척하고 인간의 옳고 그름을 판별할 수 있는 자유의지를 보장하고 있는지 숙고할 필요가 있다.

나는 도서관에서 많은 사람들을 만난다. 그중에는 '당신, 참 성공했네요, 부럽습니다'라고 칭송받으며 살아온 사람들이 있다. 세월이 빠르다고 하더니 이제는 도서관 열람실에 앉아서 지난날을 회상하며 그리워한다. 워낙 자주 오시니 지나가다가 눈인사만 하여도 쫓아와 묻지도 않은 당신의 인생을 이야기한다. 명문대를 나와 대기업 또는 국책연구소, 외국인 회사 등에서 중역이나 대표로 일하다 퇴직을 하게 되었다는 이야기, 그만큼 자신은 좋은 인생을 살아왔다는 자랑을 하고는 다시 돌아가 책을 본다. 왠지 모르게 짠하다. 세상의 기준으로 성공이라는 수레바퀴에 올라타기 위해 그들은 아마도 밤낮없이 노력했을 것이다. 아무것도 돌보지 않고 죽어라 공부하고 죽어라 일했는데 나이 겨우 60세를 전후하여 이제 그만 고생하셨으니 집으로 돌아가 쉬라고 한다. 어느 날 갑자기 주어진 그 많은 시간을 어떻게 사용해야 할지 몰라서 당황하다가 집 앞 도서관을 찾아 매일 출근을 한다. 그나마 경제적으로 크게 걱정하지 않아도 될 만큼 여유가 있다는 게 큰 위로가 된다. 세상을 지배한다고 믿고 있는 인간의 가치가 참 가볍게 느껴져 씁쓸하다. 다시 인생의 출근 루트가 된 도서관이 며칠만 휴관을 하여도 갈 곳이 없어져 인생 난민을 만들곤 한다. 이것이 세상에서 말하는 성공한 삶을 살아온 일부 사람들의 이야기다.

지금 대치동에는 이런 인생을 자녀들에게 또는 자신에게 만들어 주기 위해 묻지도 따지지도 않고 전력 질주하는 꿈둥이들이 수없이 많다. 그렇게 달려서 돌아갈 곳이 어디인지를 한 번쯤 고민해 보아야 하지 않을까. 모든 사람들이 같은 기준으로 성공을 꿈꾸고 같은 방법으로 그들의 뒤를 따라 간다면 개인도 사회도 발전할 수 없다고 주장한 철학자가 있다. 20세기 프랑스 철학자 질 들뢰즈^{Gilles} ^{Deleuze}는 "새로운 것을 꿈꾸라, 그러기 위해서는 기존의 개념들에 저항하고 새로운 개념을 만들어 내야 한다"고 주장하면서 꿈꾸는 자들의 꿈은 꿈꾸지 않는 자들에게 위험이 되기 때문에 그들은 새로운 꿈을 꾸는 자들을 방해한다고 하였다. 들뢰즈가 말하는 철학은 "새로운 개념을 창출해 내는 것"으로, 그는 기존에 가지고 있었던 생각이나 신념들을 비판적으로 바라볼 때 새로운 것들을 만들어 낼 수 있으며 세상을 바람직한 방향으로 변화시킬 수 있다고 피력하였다. 들뢰즈는 과학자나 예술가들은 모두가 창조자이며 기존의 것을 비판하고 새롭게 해석해 냄으로서 창조가 가능해진다고 보았다. 19세기의 니체나 20세기의 들뢰즈가 주장한 것은 결국 변화를 두려워하지 않는 사람에게 새로운 가치를 발견하고 성장시킬 수 있는 기회가 온다는 것이다. 지금이야말로 성공의 새로운 패러다임을 만들 수 있는 인재가 필요한 시대이다.

철학은 새로운 세상에 대한 대응 방법과 사람이 살아가는 데 필요한 삶의 기준을 가르쳐 준다. 우리가 삶의 기준으로 삼아야 하는 것은 이성적인 판단력이다. 이성은 우리가 살아가는 삶에서 가늠자 같은 역할을 한다. 나에게 이득이 될지라도 그것이 옳지 않다면 선택하지 않고, 나에게 비록 손해가 될지라도 그 손해를 감수하고라도 옳은 것을 선택할 수 있는 용기를 준다. 그것이 자유의지이다. 인간이 옳고 그름을 분별할 수 있는 이성을 가지고 자신의 삶을 책임지고 살아갈 수 있도록 도와주는 역할을 하는 것이 바로 부모이다.

니체는 『차라투스트라는 이렇게 말했다』에서 달과 태양의 사랑을 이야기한다. 달의 사랑은 비겁하다. 문제가 생기지 않을 만큼만 조심스럽게 자신을 내어 주는 사랑을 한다. 그러나 태양은 자신의 모든 에너지를 내어 주는 사랑을 한다. 사랑은 가장 아름다운 것에서부터 더없이 추악하고 역겨운 것에 이르기까지 모든 것을 포함한다. 사랑은 계산이 개입하지 않은 순수한 것이어야 한다고 말한다. 우리는 태양처럼 사랑하고 있을까? 혹시 달처럼 조건부 사랑을 하고 있는 것은 아닐까? 인생에서 성공하고 싶다면 행운을 친구로 두어야 한다는 말이 있듯이 부모가 태양처럼 아이들을 사랑한다면 아이들도 세상을 그렇게 배울 것이다. 나는 태양처럼 모든 사람들을 사랑하고픈 대치도서관장이다.

대치동에 가면 니 새끼가 뭐라도 될 줄 알았지?

2

대치동에 들어가면
니 새끼가 뭐라도
될 것 같지?

김한나

'너를 위해'라는 거짓말

지금으로부터 7년 전 어느 날. "남들이 극성이라며 혀를 차도, 대치동 한복판까지 우리가 왜 들어왔겠어요? 다 아이를 위해서잖아요! 그런데 다른 애들은 달리고 있는데 애가 자꾸 꾀부리면서 공부도 안 하고 학원 숙제도 제대로 안 해 가니 속상해 죽겠어요."

하, 이번엔 진짜 그냥 입 다물고 있으려고 했는데.

"어머니, 말씀 도중 죄송한데요. 혹시 ○○이가 '어머니, 아버지, 저를 제대로 키우고 싶으시면 대치동으로 가 주십시오'라고 부탁이라도 했나요? ○○이가 초등학교 1학년 때 이사 오신 걸로 아는데, 만약 8살짜리가 그런 말을 했다면 제 손에 장을…… 그럼 대치동 입성을 결정한 게 누구였을까요? 그리고 진짜 가슴에 손을 얹어 보시고, 과연 그 결정이 부모님을 위한 것이었을까요, 아이를 위한 것이었을까요?"

"지금 제가 아이가 아닌 스스로의 만족을 위해 대치동 입성을 결정했다고 말씀하시는 건가요?"

"네, 저 또한 제 만족을 위해 이곳에 왔듯 ○○이 어머님도 도긴개긴이라 생각합니다."

여기까지만 하자. 안 그래도 별명이 '대치동 이단아'인데 '대치동 진상'으로 업그레이드될 것 같다. (이미 이보다 더한 닉네임이 주어졌을지도 모를 일이지만) 아, 이래서 내가 학부모 모임을 그렇게 피하려고 했건만! (당시) 아들놈은 전교 회장에 딸아이는 반 회장, 환장할 노릇이다. 함께 있던 학부모들의 수군거리는 소리. 아무래도 내가 이들의 가슴에 제대로 폭탄을 투하한 모양이다.

29살, 나는 엄마가 됐다. 남편은 '가을 하늘의 실마리'라는 의미를 담은 곱디고운 이름 '민서炅緖'를 아들에게 선물했다. 내가 할 수 있는 건 '다짐'이었다. 나 스스로에게 내리는 엄중한 다짐. 네 엄마로서 약속할게. 널 외롭게 하진 않을게. 적어도 훗날 지구별 소풍이 나름 즐거웠다 느낄 수 있도록 네 여행길을 밝혀 주는, 노력하는 가이드가 돼 줄게.

유발 하라리는 자신의 저서 『사피엔스』에서 개인마다 가지고 태어나는 행복 조절 시스템의 수치가 다르다고 말했다. 1에서 10까지의 척도로 이를 나눈다면 밝고 긍정적인 사람은 최악의 순간에도 6정도를, 평상시에는 8을 유지한다는 것이다. 그러니 삶이 즐겁지 않을 수가 없다. 그러나 우울한 생화학 시스템을 가지고 태어난 사람의 기분은 3과 7사이를 오가고 5를 유지한다. 아침에 눈을 뜨자마자 어제 산 로또가 1등에 당첨되고 오후에는 대머리로 고통받고 있는 전 세계인을 위한 치료제 개발에 성공해 노벨상을 수상

한다 해도 삶은 어둡다. 내가 가지고 태어난 최대 행복 지수는 얼마나 될까? 아무리 후하게 점수를 줘도 8? 나는 어두움과 약간의 밝음 사이, 그 어딘가에 위치하는 사람이다. 만약 이게 유전이라면?

방법을 알아야 했다. 나를 이 땅에 소환한 부모님은 양육자로서도 인생 여행의 가이드로서도 모범 답안을 제시해 주지 못했다. 나와 다른 결의 삶을 보여 주려면 예시가 필요했다. 바람직한, 아름다운 예시가.

나보다 먼저 엄마가 된 이들이 추천한 육아서를 탐독하기 시작했다. 시중에 나온 책을 모조리 섭렵하고 더 이상 읽을거리가 없자 지역 도서관에 비치된 연차가 좀 된 책들까지 파고들었다. 한 권 한 권 읽을 때마다 아, 이러면 되겠구나 했다가도, 민서에게 적용해 보곤 시들해졌다. 육아서 속 아이는 민서가 아니었다. 내 아이에게 100% 적용 가능한 육아서는 세상에 존재할 수 없었다. 그렇다고 전혀 수확이 없는 것은 아니었다. 육아에 관해 두 가지 원칙을 세웠다. 울리지 않기 그리고 누군가에게 피해를 주지 않는 한 민서가 원하는 건 다 할 수 있게 해 주기.

나는 바깥 놀이가 어색한 엄마였다. 아이와 놀이터에 나가는 것도 신나게 몸싸움하며 약간은 과격하게 체력을 단련시켜 주는 그 모든 것들에도 젬병이라는 사실을 알게 됐다. '문제를 발견하면 더 이상 문제가 아니다. 방법을 찾으면 된다!' 결혼 전까지 학생이었고 그 뒤 강사로서 사회에 첫 발을 내디딘 만큼 최대한 특기를 살려 민서와 지루하지 않게, 기쁘게 시간을 보내야 했다. 자연스레 '책 읽어 주기'가 놀이를 대신하게 되었다.

채 10개월이 안 된 작디작은 아기가 아장아장 걸어가 고사리 같은 손을 책장에 뻗어 책을 한 권 뽑아 엄마에게 온다. 제 크기 반만 한 커다란 책을 들고 오는 그 모습이 예뻐 눈물이 찔끔 난다. 그러고는 엄마 무릎에 앉아 책을 펼친다. 정수리 보드라운 머리카락이 턱에 스친다. 아기 냄새. 꼭 안고 정수리에 코를 박고 비빈다. 고개를 뒤로 쳐들고 엄마를 바라보는 민서. "엄마, 잉거 빠이!" 응, 그래, 그래. 책을 읽는다. 아이가 이번에 꽂힌 『바보 이반』이다. 아마도 난 앞으로 이 책을 족히 1천 번은 읽어 줘야 하리라. 책장 깊숙이 숨겨 놔도 다른 책들 사이에 몰래 뒤집어 꽂아 놔도 어떻게 알고 신통방통하게도 찾아온다. 관찰력도 더불어 크나 보다. 고마운 일이다.

환경을 탓하지 마라, 『신도 버린 사람들』

2007년 운명처럼 만난 책, 『신도 버린 사람들』. 이 책을 한마디로 정리하자면 '신神보다 강한 부모의 투쟁기'쯤 되겠다. 국제 통화 기금 자문관과 인도 중앙은행 수석 경제보좌관을 거쳐 현재 인도 푸네대학교의 총장으로 재직 중인 나렌드라 자다브가 지은 책이다. 화려한 이력의 소유자지만 그는 인도의 최하층민인 불가촉천민不可觸賤民, 달리트다.

달리트는 천민보다 못한 천민으로, 다른 신분의 사람과 닿는 것 조차 금지돼 있다. 이들에게 인정된 권리는 구걸뿐이다. 태어나면 서 정해진 신분은 죽어서도 바꿀 수 없는 인도에서 그들은 죄인 아닌 죄인으로 살아가야 한다. 이미 언급했듯 책은 계급 너머 투쟁의 역사를 오롯이 담고 있다. 자다브의 부모는 결코 자신의 아이를 운명에 내맡기지 않았다. 존엄한 인간으로 키워 내고 싶었다. 그들이 찾은 해답은 교육이었다. 자신의 더러운 발자국을 지우기 위해 허리춤에 빗자루를 매고 다녀야 했던, 우물에서 물을 길어 마실 수도, 사원에 들어가 신께 기도 드리는 것조차도 허락되지 않던 '더러운 신분'의 아버지가 아들의 교육을 간절하게 '구걸'한다. 그리고 해낸다.

책은 내게 부모가 자라 온 환경은 아이에게 상처를 줄 이유가 될 수 없음을 또 부모가 자녀에게 해 줄 수 있는 어쩌면 가장 유일한 것은 올바른, 아름다운 교육의 틀 안에서 성장하도록 돕는 것임을 깨닫게 했다. 그리고 그 어떤 행위도 '희생'으로 포장되어서는 안 되며 그렇게 되도록 용납해선 안 된다는 것도. 올바르고 아름다운 교육은 평생 내 아이에게 기쁨이 될 것으로 채워져야 했다.

22개월, 민서 손을 붙잡고 지금도 유아 음악 교육으로 유명세를 떨치고 있는 곳으로 갔다. 사교육의 출발을 음악으로 정했기에. 지난 삶을 돌아봤을 때 여유의 부재, 낙관의 부재는 '예술의 부재' 때문이라는 확신이 있던 내게 어쩌면 자연스런 첫 선택지였다. 몇 년 전 대학생들에게 설문조사를 한 결과 살면서 가장 아쉬웠던 점으로 피아노를 그만둔 것이 1위를 차지했다는 기사를 얼핏 읽었다. 깊은 동감. 호모 사피엔스인 우리는 태초부터 음악을 사랑하도록 만들어졌다. 슬플 때 기쁠 때 모두 음악을 찾지 않나. 영화나 드라마에 배경으로 음악이 깔리지 않는다면? 말해 뭐하랴(철학자 쇼펜하우어는 음악을 '심장의 보편언어'라 칭했다. 역시 똑똑한 사람은 표현도 멋지다).

음악원에선 22개월은 받아 주지 않는다고, 두 달 뒤 다시 방문해 달라고 했다. 교육을 구걸하는 것은 부끄러운 일이 아니다! 불굴의 정신을 배웠으니 여기서 써먹어 본다. "일단 한번 체험을 하게 해 주세요! 아이가 못 따라 가거나 저희 아이로 인해 다른 아이들이 피해를 받는다면 바로 포기하겠습니다!"

정확히 한 달 뒤 민서는 선생님의 '수제자'로 등극했다. 춤과 율동, 연주를 배워 나가며 온몸으로 음률을 익혔다. 그렇게 일주일에 한 번, 한 시간의 수업은 5세가 될 때까지 단 한 차례의 결석이나 지각 없이 진행됐다. 그 뒤 본격적으로 피아노 연주를 배우게 돼 일주일에 두 번으로 음악원 방문 횟수가 늘어났다. 두 번째 보물 지아가 태어난 후에도, 이사로 인해 지하철로 1시간이 넘게 이동을 해야 할 때에도 예외는 없었다.

남편은 '대지의 으뜸'이란 커다란 의미를 담은 이름 '지아地묘'를 딸에게 선물했다. 엄마는 딸에게도 음악을 안겨 줬다. 딸이 24개월이 되자 음악 교육을 받게 돼 두 아이를 데리고 다니느라 더 바빠졌지만 고백하건데 그 모든 순간이 우리에겐 소풍이었고 기쁨이었다. 초등학교 입학 후 민서는 '예술의 전당 피아노 영재'로 뽑혀 본격적으로 교수님께 레슨을 받게 됐다.

지아도 피아노에 두각을 나타내며 우리 부부에게 기쁨을 안겼다. 음표 하나 제대로 보지 못하는 엄마가 해 준 거라곤 그저 아이들과 함께 즐기기였다. 그리고 후에 알게 됐다. 두 아이 모두 거의 완벽에 가까운 절대음감의 소유자라는 걸. 집안에 음악과 관련된 일을 하거나 재능이 있는 사람이 단 한 명도 없다는 점을 고려하면 이건 분명 하늘이 준 선물이다. (혹시 '내 덕'이란 소리가 듣고 싶었던 건 아닌지 가슴에 손을 얹고 반성해 본다.)

예술의 전당 영재원에서 첫 수업을 받기 전 지도 교수님과의 상담이 있었다. "오디션에서 연주한 곡 말고 지금까지 민서가 친 곡들 악보를 챙겨 와 주세요." 동공지진. '센과 치히로의 행방불명」 OST 악보를 들고 떨리는 마음으로 예술의 전당 음악 영재원을 찾았다. 세상에 이렇게나 피아노를 잘 치는 아이들이 많았구나! 레슨실마다 들려오는 수준 높은 소나타. 그 와중에 자꾸 신경을 거슬리게 하는 만화 주제가.

갑자기 레슨실 문이 열린다. "어머니, 들어오세요."

'다른 친구들이랑 너무 차이가 난다고 못 가르치시겠다고 하면 어쩌지?' 걱정을 한가득 안고 교수님 앞에 섰다. "음감이 너무 좋네요."

오, 역시 고수는 다르구나! 만화 OST에서 음악성을 발견하는 이 놀라운 능력이라니!

'모차르트 피아노 소나타 16번 K.545」 민서가 정식으로 배운 첫 소나타 곡. 지금도 이 곡을 들을 때면 페달에 발도 닿지 않는 8살짜리 작은 민서가 커다란 피아노 앞에 앉아 맑디맑은 고운 음을 연주하던 모습이 눈앞에 아른거린다. 곡을 지정받고 첫 레슨이 끝났을 때 음악 영재 대기실에서 기다리던 엄마를 향해 달려오며 민서는 외쳤다. "엄마! 교수님이 이 곡으로 피아노 콩쿠르 나가래! 근데 콩쿠르가 뭐야?" 주변의 엄마들은 쓰러졌고 나는 민서를 얼른 안고 그곳을 빠져 나왔다. 오, 이 아름다운 추억이여!

대치동에 들어가면 니 새끼가 뭐라도 될 것 같지?

민서의 초등학교 3학년 생활이 마무리돼 가고 지아가 초등학교에 입학할 무렵 대치동 입성을 결심했다. 이제 '엄마 아빠 표' 교육 이상의 터치(!)가 필요하다고 느꼈기 때문이다. 군이 대치동을 고집한 이유가 무어냐고 묻는다면 기왕에 사교육을 시키고 자금을 투자해야 한다면 경쟁력 있는 곳이 질적인 면에서 우수할 것이라는 나름의 소신이 있었다고 하겠다.

집을 알아보기 전 시부모님께 이사 계획을 말씀드렸다. 어머님은 내게 "거기 가면 니 새끼가 뭐라도 될 것 같지?"라는 핵폭탄 발언을 날려 주셨다. 잠시 멍해졌다. 그리고 가슴과 머리에 깊이 새겼다.

대치동 생활이 시작됐다. 직접 들어와 보니 소문으로 듣던 '애 잡는 몹쓸 곳'이 아니었다. 아니, 어쩌면 '부모가 어떻게 바라보느냐'에 따라 '애를 잡을 수도 애를 살릴 수도 있는 곳'이라는 게 맞는 표현일지도 모르겠다.

처음 대치동에 들어오면 너나 할 것 없이 일단 영어와 수학을 중심으로 유명 학원을 알아본다. 나 또한 마찬가지. 지금껏 사교육을 '제대로' 경험하게 한 적도 없으면서 덮어놓고 일단 공부를 가장 잘하는 아이들이 간다는 학원을 수소문해 레벨 테스트를 신청했다.

수학은 누렁이 소, 영어는 유명한 빅3가 있단 말이지? 좋았어!

"누렁이 수학이죠? 네, 저희 아이가 이제 4학년이 되는데요, 거기 다니려면 레벨 테스트를 봐야 한다고 들어서요. 예약을 좀 부탁드릴 수 있을까요? 네? 몇 학년 거까지 봤냐고요? 이제 4학년 거 조금 들어갔는데…… 네? 그 또래 아이들은 대부분 중학교 과정을 시작했다고요? 여기 학원 진도가 다 그런 식이다? 그럼 제 학년 수학은 도대체 어디 가서 배워요?"

불행인지 다행인지 아직 4학년이 되지 않았으니 4학년 범위 안에서만 레벨 테스트가 진행된단다. 예비 5학년부터는 중학교 과정이 들어간다나? 에잇, 일단 도전! 10년 세월을 살아오며 처음으로 학원 테스트라는 걸 보고 나온 민서의 표정은 밝지 않았다.

"시험은 어땠어? 즐겁게 봤어?"

"몰라, 너무 어려웠어!"

"우와! 울 아들이 어렵다고 한 거 보니까 진짜 어려웠나 보다!"

결과는 28점. 통화하며 귀를 의심했다. 혹시 50점 만점이냐고 물었다. 100점 만점이란다. 커트라인은 몇 점이냐 물었다. 32점이란다. 한 문제만 더 맞았어도 합격인데 안타깝단다.

"학원 측이 합격선을 80점 이상이 될 수 있도록 문제를 좀 더 쉽게 출제하시면 좋을 텐데요. 그럼 테스트 결과로 상처받는 부모와 아이들이 현저히 줄지 않을까요?"

대치동 초짜 입성 주민 티를 팍팍 내며 전화를 끊었다. 영어 학원 테스트도 두 곳을 봤지만 줄줄이 낙방. 돌이켜보면 참 무식해서 용감했다. 그동안 해 놓은 게 뭐가 있다고 이름난 곳만 찾아 입원 테스트를 치렀는지. 얻은 수확도 컸다. 아이의 현 위치를 '제대로' 파악했고 이제 겸손한 자세로 실력을 끌어 올려야 함을 알았으니까.

마지막으로 문을 두드린 영어 학원은 빅3 중 가장 들어가기 힘들다고 정평이 난 곳이었다. 원장의 압박 면접을 통과하기가 어렵다고 소문이 자자했다. 결과는 합격이었다. 원장은 아이의 '가능성을 봤다'고 했다. 민서가 초등학교 내내 가장 즐겁게 다닌 학원이었다. 아직 초등학교 입학 전이었던 지아는 좀 더 쉽게 대치동 학원에 안착했다. 학교와 학원 세팅이 어느 정도 자리를 잡자 마음의 평화가 찾아왔다.

내 새끼가 뭐라도 되길 바라며 닦달하지 않으면, 유명 학원에 들여보내는 걸 목표로 삼지 않으면, 주변이 아닌 내 아이를 바라보며 얼굴에 웃음을 잃지 않게 해 준다면 '대치동 살이'는 충분히 즐거움으로 채워 갈 수 있다는 걸, 걱정 반 설렘 반으로 대치 입성을 앞둔 학부모들에게 들려주고 싶다. 물론, 쉽지 않다. 레벨 테스트에 낙방하는 거 별거 아니라고 머리는 말해도 가슴이 거부하는 일이 학원

세팅이 끝날 때까지 반복될 수도 있다. 머리와 가슴만 시끄러우면 다행인데 입에서 총알이 발사되고 손이 아이의 등판을 향해 달려가기도 한다. 나 또한 다 겪었던 일이다. 그럼에도 'Inner peace!' 견디시길, 엄마니까!

대치동으로 오길 참 잘했다! (feat. 대치도서관)

2016년 3월, 추위가 채 가시기 전 '운명의 그곳', 대치도서관을 찾았다. 함께 주제 도서를 읽고 토론을 한다. 먼저 대치동에 입성한 '사랑하는 지기知己'가 책 읽기 좋아하니 한번 가보라, 선정 도서가 훌륭하더라며 추천해 줬다.

은마 아파트 상가에 위치한 대치도서관. 워낙 길치인 데다 상상하던 도서관의 외양과는 사뭇 달라 찾는 데 한참 애를 먹었다. 간신히 도착해 독서 토론이 진행된다는 문화교양관의 문을 연 그 순간, 그때 그 풍경을 떠올릴 때면 여전히 가슴 한 켠이 따뜻해진다.

문을 열자 토론하기에 안성맞춤으로 정갈하게 마련된 책상과 의자가 눈에 들어왔다. 거기에 자리한 아지매들. '과연 토론이 되겠어?' 우려는 바로 산산조각 났다. 난생 처음 주제 도서를 벗어난 애기는 1도 섞이지 않은, 서로의 다른 생각을 인정하고 내 의견을 스스럼없이 말하는 놀라운 토론의 장이 열렸다. (그때 읽은 책이 안도현 시인의 『백석 평전』이다. 그 인연으로 후에 난 안도현 시인을 직접 인터뷰하는 영광을 누리게 됐다.) 그런 분위기가 어찌나 좋았던지 신나게 내 의견을 쏟아 냈다. 처음 온 사람이 왜 이리 나대나 할 법도 한데, 다들 너무 진심으로 반겨 주었다!

첫 토론을 마치자 다음 주제 도서에 관한 소개가 이어졌다. 그러더니 모두 나에게 너무 잘한다며 다음번 토론의 일부를 발제해 줄 수 있겠느냐고 물었다. 묻지도 따지지도 않고 하겠다고 했다. 『소크라테스의 변명』 중 「향연」 파트를 준비하면 된다나? 생전 철학책을 가까이 해 본 적도 없으면서 용감무쌍하게 오케이를 외쳤다.

그날 저녁, 남편과 아이들에게 대치도서관 독서 토론에서 무슨 책을 어떤 주제로 어떤 이야기를 나눴는지 신나게 쏟아 냈다. 정말이지 수준 높은 여인들을 만나 내가 성장할 수 있을 것 같다고, 덕분에 울 아가들과도 책과 관련해 더 깊은 대화를 나눌 수 있겠다고, 가길 너무 잘했다고. 다음 도서 발제도 맡았다며 정말 잘해 가고 싶다고 가족들 귀에서 피가 날 정도로 한참을 떠들어댔다.

다음 날 야심차게 『소크라테스의 변명』을 구입해 읽기 시작했고, 곧 이놈의 주둥이가 문제라며 스스로를 질책했으며, 그 한 권의 책을 읽어 내기 위해 소크라테스와 플라톤의 생애부터 고대 그리스 시대 역사와 시대적 배경까지 공부해 가며 간신히 발제를 마무리했다. 그리고 느낀 점. 끝도 없는 철학적 질문으로 두통을 유발시킨 소크라테스에게 사형 선고를 내린 그리스 시민들을 약간은(사실은 많이) 이해하게 됐다는 거? '소크라테스 이 할배! 죽었지만 죽여 버리겠어!' 하는 나쁜 마음도 들고…… 어렵게 준비한 발제, 발표 후 이어진 찬사. 그리고 다음번에 또 해 오라는 격려. 나중에 들은 진실, "처음 온 회원에게는 1년간은 발제를 시키지 않는다. 넌 속은 거였다."

책 읽기가 고문이 될 수 있음을 절절히 느끼며 정리한 발제문. 그러나 이를 시작으로 철학이라는 새로운 영역에 발을 딛을 수 있었다. 고진감래란 이런 걸 두고 한 말일 것이다.

향연 발제문

1. 그리스의 '향연' 문화
왕권의 정당성을 과시하기 위한 주변 국가인들(메소포타미아, 이집트 등)의 종교의식과는 달리, 철학적 깨달음을 얻기 위한 정신적인 차원의 재탄생을 위한 목적의 의식문화.

'함께^{sym} 먹고 마신다^{posium}'는 의미를 지닌 향연은 본래 그 기원을 종교의식에 두고 있다. 모든 문화권에서 공통적으로 고대인들은 절기마다 치러지는 수많은 종교의식에서 초자연적 존재와 교통하는 성스러운 시간이 끝나면 제사 음식을 나누며 즐기는 세속적 문화를 발달시켰다. 그러나 그것을 단순히 음식을 먹고 마시는 생리적 감정적 쾌락의 장으로 끝냈던 다른 문화권과는 달리 그리스인들은 그 속에서 토론을 통해 가치를 탐구하는 정신적 이성적 즐거움을 누리는 향연^{symposium} 문화로 승화시켰다.

2. 「향연」의 작품배경

다양한 의견이 존재하나, 변론가 폴뤼크라테스가 소크라테스를 비난하기 위해 저술한 팸플릿에 대항하여, 플라톤이 독자적으로 소크라테스의 참모습을 변명하기 위해 본 대화편을 쓰게 되었다는 추측이 타당하다 봄. 이 팸플릿은 기원전 390년대 말경에 쓰인 것으로 보인다. (소크라테스는 기원전 399년 처형당함)

3. 「향연」 등장인물들 대화편 요약정리

「향연」의 주제는 "사랑"(에로스의 예찬)이며 핵심은 물론 소크라테스가 말하는 사람이다.

- **파이드로스** : 에로스를 신들 중에서 나이가 가장 많은 늙은 신으로 묘사. 비겁하거나 천박한 행동으로 사람을 취하고자 하는 사람은 없을 것이기 때문에 파이드로스는 고귀한 명예와 희생정신을 추구하는 것이 에로스라고 주장.

- **파우사니아스** : 에로스가 둘임을 주장. 고상한 에로스와 천박한 에로스로 분류. 천박한 에로스는 관능적인 에로스로 쾌락을 만족시키는 에로스이며 여자와 어린 소년에게서 사랑을 찾는다. 파우사니아스는 이런 에로스는 당연히 금지되어야 한다고 주장. 고상한 에로스의 상대는 오직 젊고 씩씩한 청년으로 이런 청년과의 사랑이야말로 선한 결과를 얻을 수 있다고 주장.

- **에뤼크시마코스** : 의사답게 사랑도 건강한 상태와 병든 상태의 사랑으로 나뉜다고 주장. 파우사니아스의 주장을 모방한 흔적이 뚜렷하나 두 종류의 사랑이 인간에게만 적용되는 것이 아니고 존재하는 모든 것들에 적용됨을 주장.

- **아리스토파네스** : 희극시인답게 매우 단순하고 꾸밈없이 에로스를 설명함. 에로스의 참다운 능력을 이해하기 위해 인류의 본성과 역사를 먼저 알아야 한다고 함. 현재의 인간들은 본래의 인간들─네 개의 손과 네 개의 다리, 두 개의 얼굴, 두 개의 성(동성 혹은 이

대치동에 가면 니 새끼가 뭐라도 될 줄 알았지?

성)을 지닌 공 모양의 인간—이 반으로 나뉘어 생긴 반쪽들이다 주장. 따라서 사람이란 본능은 우리들 본래의 상태로 되돌아가기 위한 노력이라 할 수 있다 주장. 이러한 본능은 육체적인 결합보다 정신적인 차원에서 자신의 진정한 반쪽과 결합하기 위한 노력으로 구현될 때 더 훌륭한 결과를 낳는다고 주장.

- **아가톤** : 파이드로스가 주장한 늙은 여신 에로스를 인정하지 않음. 에로스는 사람들의 마음과 영혼에 쉽게 깃들어야 하기 때문에 늙은 몸으로는 어려우며 따라서 부드럽고 날씬한 몸매의 젊은 신이어야 한다고 주장. 또 에로스의 변치 않는 아름다움과 탁월함, 올바름, 자제력 등을 찬미함.

- **소크라테스** : 만테나의 현녀 디오티마를 앞세워 자신의 뜻을 드러냄. 에로스의 문제를 신화와 연결함으로써 영혼과 운명의 문제까지 끌어들임. 가난의 여신 페니아와 풍요의 신 포로스 사이에서 양쪽 부모의 성질을 모두 받고 태어난 에로스는 가난에서 풍요로움을 찾고자 했기에 부족한 것을 충족시킬 수 있는 것이라면 무엇이든 갖고자 함. 이것이야말로 사람이자 지혜라 주장. 알지 못하기에 알고자 하는 것, 없기에 갖고자 하는 것, 이 모든 것을 사람과 지혜의 본성이라 주장함. 즉 사람이란 모르는 것을 알고자 하는 것이라 결론.

- **알키비아데스** : 소크라테스를 실레누스 조각상과 비교하며 찬미. 신이 조각상 안에 그 모습을 감추고 있듯이 소크라테스도 겉모습과는 달리 그 내면에는 입문자들만이 아는 매력을 감추고 있다 주장. 소크라테스와 함께한 군 생활 이야기를 들려주며 그가 없었다면 자신은 죽었을지도 모른다며 소크라테스를 평생의 은인으로 애인으로 좋아하고 존경한다고 주장.

4. 고대 그리스의 동성애

고대 그리스 사회에서 남성들 간의 동성애는 별로 허물이 될 것이 없는 아주 자연스럽고, 때론 권장되는 현상이었다. 특히 동성 간의 관계를 통해 어린 소년이 성인 남성의 욕구를 만족시키는 것은 지혜와 덕을 가르치는 교육에 수반된 것으로 대단히 고귀한 일로 여겨졌다. 이 시기 쓰인 그리스 문학 작품들에는 '젊은이는 나이 든 사람을 존경의 대상으로 삼으며, 나이 든 사람은 젊은 전사처럼 육체적 균형이 잡힌 젊은이들에게 감복했다'는 이야기가 자주 나오고 있다. 플라톤은 '여자와 동침하면 육신을 낳지만 남자와 동침하면 마음의 생명을 낳는다'라고까지 언급하기도 하였다. 그리스 사회에서 여성의 지위는 정말 보잘 것 없어서 그들은 아이를 생산하고 양육하는 도구에 불과했다.

그리스 남성에게 생활의 중심은 가족이 아니라 국가사회였다. 대부분의 생산 활동은 노예들이 담당했고, 그리스의 자유민 남성들은 정치에 관여하거나 병사로서 국방에 종사했다. 스파르타 같은 경우에는 아예 시민 남성이 상업이나 농업에 종사하는 것을 법으로 금하고 군사 기술을 익힐 것이 강요되었다. 일곱 살이 되면 어머니의 품을 떠나 일상생활의 대부분을 병영이나 '팔레스트라(Palestra, 주로 다양한 스포츠를 통해 소년들의 신체 단련을 도왔던 고대 그리스의 교육기관)'에서 보냈다. 그러다 보니 접촉하는 사람들도 거의 모두 남성이었고, 군대 안에서도 백전노장의 나이 든 선임병과 젊지만 실전 경험이 없는 후임병의 관계는 동성애의 다른 표현인 이른바 '그리스식 우정'으로 맺어지기 일쑤였다.

그리스 군대는 '팔랑크스'라고 부르는 밀집 보병 대형으로 전투를 벌였다. 그리스의 군대는 밀집 보병 대형으로 전투를 수행했기 때문에, 오와 열(Rank and File)을 유지하면서 이동하고 공격하는 데에 고도의 훈련이 필요했다. 기본적으로 그리스 도시국가 간의 전투는 평지에서 벌어지는 이 밀집 보병들 사이의 전투였고, 대열을 구성한 앞뒤 병사들의 오와 열은 전술적으로 밀접하게 상호의존적이었기 때문에, 이것이 무너지게되면 곧 전열은 흐트러지고 패배로 이어지기 십상이었다. 그렇기 때문에이 밀집 대형은 병사들 상호 간의 굳은 신뢰가 생명이었다. 그리스의 시인들은 전쟁터에서의 윤리에 대해 '자신의 자리를 지킬 것, 죽을 때까지싸울 것, 방패를 집어던지고 도망치는 일처럼 비겁한 일은 없다'고 노래

했다. 그것은 한 명의 병사라도 대열을 이탈하면, 그것이 곧 대열 속에 있는 전우 모두를 위험에 빠뜨리는 일이었기 때문이다. 그리스 보병의 밀집 대형은 단순히 전술적인 대형이 아니라 그들의 생활양식을 반영하는 것이었고, 곧 자신의 남성다움과 도덕성을 평가받는 장이기도 했다.

최고 난이도를 자랑하는 니체의 『비극의 탄생』을 읽을 때는 한 장 한 장 거의 눈물을 쏟았다. 한국어가 외계어로 변신할 수도 있구나 하며, 허벅지를 꼬집고 몸을 뒤틀며 간신히 읽어 냈다. (지금도 나는 감명 깊게 읽은 책을 소개해 달라는 요청을 받을 때마다 이 책을 권한다. 나만 당할 순 없지!)

함께한 세월이 벌써 6년이다. 변함없이 우리가 지켜 가는 원칙은, 도서를 매개로 사고를 넓혀 가는 것, 쓸데없는 소리로 우리의 소중한 시간을 낭비하지 않는 것이다. 대치도서관 인문독서토론클럽 덕분에 민서와 지아에게 엄마는 책을 사랑하는 사람이자 공부하기 좋아하는 사람, '친구들과 비교하기, 학원 정보 알아보기'를 멀리하는, 스스로를 성장시키기 위해 애쓰는 나름 멋진 사람이 됐다. 그래, 대치동으로 이사 오길 정말 잘했다.

너희가 원하는 거, 그거면 돼

"엄마, 나 피아노 전공 안 하고 싶어. 피아니스트 안 할래."

예술의 전당 피아노 영재들은 거의 예외 없이 예원학교 피아노 과 입학을 목표로 매진한다. 경쟁은 치열하다. 초등학교 5학년이면 입시생이나 다름없다. 그런 중차대한 시기에, 민서는 피아니스트라 는 목표 하나를 접었다. 카네기 홀 남매 콘서트가 열릴 날을 마음에 품고 있었던 엄마는 살짝 아팠다. (아이들과 거의 유일하게 큰소리 내며 부딪 치는 게 바로 피아노 연습일 정도로 난 피아노 성애자다. 오죽하면 두 아이가 '그냥 엄마 가 피아노를 배우지 그랬어!' 할 정도니 원.)

민서는 세계지도를 통째로 머릿속에 담고 사는 아이였다. 늘 세 상을 궁금해 했고 지구촌 곳곳을 누비며 살고 싶다 했다. 나는 피아 노가 민서를 세계로 향하게 하는 매개체가 되리라 믿었다. 민서는 외교관이 되고 싶다고 했다. 그날로 예술의 전당을 찾았다. 피아노 전공을 소망하지 않는다면 그 자리는 미래 피아니스트에게 양보하 는 게 옳다고 생각했기 때문이다. 정리하고 나와 아이 손을 잡고 그 동안 우리 추억이 켜켜이 쌓인 곳들을 둘러봤다.

"있지, 민서야, 엄마는 네 덕에 이 멋지고 아름다운 곳에 매주 올 수 있는 행운을 누렸어. 진심으로 고마워. 그리고 네가 무엇을 꿈꾸든 그거면 돼. 엄마, 아빠한테 솔직하게 말해 줘서 더 고맙고. 앞으로도 언제든 원하는 바를 당당히 표현하는 네가 됐으면 좋겠어. 설령 네 의견에 엄마, 아빠가 반대를 한다 해도 싸워서 이겨. 가슴에 묻고 후회하는 일은 하지 마. 후회는 아무리 빨라도 늦거든."

그동안 신세졌던 분들께 인사를 드리고 밖에서 기다리고 있는 남편에게로 갔다. 눈가가 촉촉해 있는 걸 보니 이 사람도 꽤나 서운했구나. 예술의 전당 내 이름난 식당에서 온 가족이 마지막 만찬을 즐기고 작별을 고한 뒤 돌아왔다. 그날 저녁 민서는 "엄마, 피아노를 놓지 않을게. 평생 친구로 가져갈게." 속삭였다. 그리고 약속을 지켰다. 중학교 3학년까지 매주 레슨을 받고 바쁜 와중에도 연습을 이어 갔으니까. 고등학생이 된 지금은 도저히 짬이 나지 않아 방학에만 레슨을 받기로 했다. (그래 놓고 방학이 가까워지자 말을 바꾼다. '잠깐 레슨 받아 뭐 하겠어?' 이러면서. 머리털을 밀어 버릴까 했다. 실은 이제 와 고백하건데 진짜 민서 머리를 빡빡 민 적이 있다. 초등학교 3학년 때. 이유는? 집안 정리하다가 바리캉이 나왔는데 작동이 제대로 되나? 시험 삼아서 밀어 보다가 그만…… 지금껏 민서를 키우며 이렇게 미안했던 적이 있었나 싶게 미안했던 기억.)

그런 민서에게 내가 해 준 선물은 예술의 전당을 나와도 레슨에 대한 아쉬움이 없도록 최고의 선생님을 모신 것이었다. 내가 만난 최고의 피아니스트이자 최고의 지도자이며 우리 아이들의 스승이 되신 지석영 쌤! (지아도 알아서! 스스로! 개인 레슨 선생님을 정리하고 지 쌤께 갔다.) 쌤과의 만남은 간단하게 소개하기가 힘들만큼 우연과 필연이 점철된 한 편의 소설이다. '지금껏 전공할 학생이 아니면 가르쳐 본 적이 없다'고 하셨으나 일찍이 배움 구걸을 두려워하지 않아야 함을 깨우친 '현명한' 엄마는 힘차게 밀어붙였고 해냈다.

지금도 아이들이 연습을 제대로 안 해 가면 "다른 선생님 구해 줄까?" 은근히 물어보신다. 그럴 때 민서 대답이 가관이다. "헉! 선생님 은퇴하세요?"

스승의 은혜는 하늘 같아서

민서와 지아는 감사하게도 인복이 많다. 두 아이 모두 처음에 너무나 좋은 선생님을 만났기에 피아노를 즐겁게 꾸준히 해 올 수 있었고 매번 뭔가 막힐 때마다 어김없이 도움의 손길을 건네는 이들이 있었다.

그중에 최고봉을 꼽으라면 우리 아이들의 '수학 엄마' 김예찌 원장님이 단연 으뜸이다. 예찌 원장님을 만난 건 민서가 4학년 무렵 수학 학원에 정착하지 못하고 방황하고 있을 때였다. 피아노와 병행해야 하니 대치동 대형 학원의 진도는 버거워서 따라갈 수 없었고 그렇다고 꼼꼼히 봐야 할 수학을 대충해서는 안 되기에 진퇴양난에 처해 있을 때 또다시 내 곁에 천사가 뿅! 나타나서는, "김예찌 수학이 새로 오픈을 했다. 전에 있던 학원에서 실력파로 명성이 자자했는데 초등학교 5학년부터 받아준다고 들었다. 그래도 한 번 가 봐라."

예찌 원장님, 아니, 예찌 쌤과(원장님은 거리감이 느껴져서 우린 모두 '쌤' 하고 부른다) 인연은 그렇게 맺어졌다. 처음에 예찌 쌤은 4학년은 받지 않지만 일단 수업 시간 집중도와 실력을 확인할 겸 테스트를 한번 보자고 하셨고 '이 정도면 해 볼만 하다'며 민서를 받아 주셨다. 예찌 쌤의 카리스마와 아이들을 향한 정성, 어디 하나도 구멍이 없도록 꼼꼼히 지도하는 모습에 반해 버렸다. 민서도 쌤의 진심을 아니 허투루 수학을 대하지 않았고 '제일 좋아하는 쌤은 예찌 쌤!' 하며 따랐다. 그렇게 꾸준히 하다 보니 피아노를 치는 와중에도 주변 아이들과 진도가 맞춰져 갔고 어느 순간 조금 앞선 무리에 속하게 됐다.

피아노를 전공하지 않기로 한 순간부터 예찌 쌤은 더더욱 수학 실력 올리기에 박차를 가하셨고 지금은 어느 수학 학원에 가도 '어디서 기초를 다졌는지 참 탄탄하다'는 말을 빼놓지 않고 듣게 됐다.

(미리 귀띔하자면 예찌 쌤은 초등학생, 최대 중학교 1학년 학생까지만 가르치신다.)

　지아는 초등학교 2학년 때부터 예찌 쌤의 가르침을 받고 중학교에 올라갈 무렵 졸업했다. 두 아이는 여전히 예찌 쌤을 가장 사랑한다. 지필고사를 앞두고 있을 때, 시험이 끝났을 때, 성적이 나왔을 때, 가끔 쌤 학원 앞을 지나가게 될 때, 스승의 날에, 쌤 생일에, 쌤이 갑자기 보고 싶을 때, 집에 이면지가 쌓여 쌤 학원에 가져다 드리고 싶을 때…… 수학 엄마에게 달려간다.

　수학 엄마는 우리 아이들의 시험 때면 응원의 선물과 메시지를, 그리고 괴로울 정도로 많은 기출문제를 아낌없이 보내 주신다. '만점은 바라지 않으니 1등만 하자!' '시험 망치면 교문 앞에 고이 묻어 버리겠다'는 따뜻하고 정감 어린 응원의 멘트도 함께. 그리고 난 예찌 쌤을 우리 아이들에게 소개해 준 그 천사와 지기가 되어 한 동네에서 기쁜 일 힘든 일 서로 나누며 지내고 있다. 참 좋다.

우리 집 금지곡 '어버이 은혜', 금지어 '공부해라'

　"엄마, 어버이날을 맞아 '어버이 은혜' 노래 부르기가 숙제야! 나 지금 부른다!"

"야! 됐어. 부르지 마! 나실 제 괴로움 잊은 적 없고, 기르실 제 밤낮으로 애쓴 건 부모로서 당연한 거야. 너희를 위해 고생한 거 1도 없어. 나 행복하려고 너희 낳았어. 엄마, 아빠의 아들딸로 태어나 준 걸로 우리 민서, 지아는 효도 다 한 거야. 그냥 울 아가들이 즐겁게, 스스로를 아끼며 인생을 꾸려 가면 돼. 그걸로 충분한 거 알지?"

농담이 아니다. 두 아이는 안다. 이게 엄마의 진심이라는 걸. 아이들이 어릴 적부터 늘 들려줬던 내 변함없는 소신이다.

아이 둘이 어릴 적 함께 『논어』와 『명심보감』 필사를 했었다. 그 덕분인지 민서와 지아 모두 쌤들이 감탄하는 '한석봉의 후예'다. (글씨가 얼마나 예쁜지 원.) 두 책을 필사할 때 '효도'를 다룬 부분은 뛰어넘곤 했다. 굳이 그럴 필요가 있느냐고, 아이들에게 부모에 대한 효심을 가르치는 게 가정에서 할 일이 아니냐고, 부모에게 효도할 줄 알아야 사회에 나와서도 어른을 공경할 줄 아는 사람이 되지 않겠냐고 반문할 수도 있겠다. 그러나 나는 '존중받고 자란 아이는 타인을 존중하는 법을 자연스레 깨우친다'고 믿는다. 효는 우러나야 한다. 부모가 부모다우면 아이가 따른다. 받으려고 마음먹고 강요하는 효는 효가 아니다. 절대로 아이들과 채무 관계로 맺어진 사이가 되어서는 안 된다. (얼마 전 민서가 "엄마는 '양처'는 아니지만 '현모'임은 분명하다"고 했다. 장하다 김한나!)

'공부하라'는 말도 하지 않는다. 학원 테스트에서 불합격을 받아도, 재시에 수없이 걸려도, 숙제를 다 못 해도 괜찮다. 내가 보는 건 하나, 두 아이의 표정이다. 가끔 숙제를 빼먹고 싶어 할 땐 학원에 전화해 준다. 숙제를 못 해 가니 양해 부탁드린다고(그랬더니 김지아 양은 툭하면 '피치 못할 사정으로 숙제를 못 해 간다'고 학원에 전해 달라며 엄마의 인내심을 시험하곤 한다). 단, 너희들의 평생 기록으로 남을 학교생활과 시험에는 신경을 쓰라 이른다. '훗날 미래에 너희가 하고 싶은 일을 찾았을 때, 준비가 되지 않아 그걸 이룰 수 없다면 스스로에게 너무 미안하지 않을까. 능력이 있는데 안 하는 것과 능력이 안 돼 못하는 건 다르다. 자신을 사랑하고 아끼는 민서와 지아가 되길 바란다'고 들려준다. 다행히 두 아이 모두 자만할 정도는 아니나 자신감을 가져도 좋을 만큼 (온전히 내 기준에서) 잘 해내고 있다. 감사한 일이다.

아이들이 엄마에게 자주 했던 말, "엄마는 우리가 뭐 공부했는지 안 궁금해? 왜 맨날 학원 끝나면 오늘은 누구누구 왔어? 걔는 왜 안 왔어? 어디 아프데? 배는 안 고파? 맨날 이런 것만 물어봐?"

"울 아가들이 어떤 친구들과 함께 공부하는지가 얼마나 중요하다고! 공부는 너희가 알아서 해야 하는 거고. 그치?"(내 속마음. '알아야 물어보지. 수포자이자 영포자, 과포자였던 내가 뭘 물어보겠냐?')

아이가 아직 어리다면 (feat. 독서)

"엄마는 과거로 돌아갈 수 있다면 언제를 선택할거야?"

"안 할 거야. 엄마의 최고 순간은 너희와 함께하는 지금이거든."

"에이, 그래도 반드시 한 번 다녀와야 한다면 언제로 할 거야?"

"음, 그럼 우리 민서 태어난 그날로 할래."

"왜?"

"그때 엄마가 널 원 없이 안아 주지 못했어. 아기를 낳으면 무조건 쉬어야 하는 줄 알고 조리원에서 잠도 따로 재웠어. 돌아갈 수 있다면 꼭 그날로 하고 싶어. 엄마가 아쉬운 건 그거 하나야."

민서 때 경험한 학습 효과로 지아는 태어난 순간부터 엄마와 떨어져 본 적이 없다. 다 오빠 덕분이다.

두 아이에게 원 없이 해 준 건 '책 읽어 주기'였다. 각자의 방에서 따로 자야 하는 나이가 됐을 땐 두 방 중간에 앉아 읽어 주곤 했다. 처음엔 글밥이 적은 책들로 시작했다가 민서가 초등학교 1학년이 됐을 무렵부터 매일 조금씩 『나니아 연대기』 시리즈, 『제인에어』, 『작은 아씨들』, 『세드릭 이야기』, 『세라 이야기』, 『메리 포핀스』 등 고전 도서를 읽어 나갔다. 이동할 때는 간편하게 읽어 줄 수 있는 『탈무드』를 가지고 다녔다.

앞서 밝혔듯 우리 셋은 『논어』와 『명심보감』 필사도 했다. 시조도 이틀에 한 수 꼴로 외웠다. 시어만큼 언어를 풍요롭게 만들어 내는 건 없다는 판단 하에 아이들과 함께 외워 나갔다. 억지로는 없었다. 셋이 웃으며 놀며 노래하며 외웠고 그게 우리에겐 즐거운 놀이였다. 아이들은 외운 시조를 할머니, 할아버지께 읊어 드리기도 했다. (지아가 3살 무렵 그 작은 입으로 '가노라 삼각산아, 다시 보자 한강수야' 하며 시조를 외우던 모습은 '천사가 있다면 이런 모습이겠지?' 할 정도였다. 그 귀요미가 자라 지금은 그 큰 입으로 '됐어!' '싫어!' '엄마, 말 안 들을 거야!'를 외친다. 아, 옛날이여!)

그 덕분일까? 세월이 훌쩍 지난 지금 당시 외웠던 시조들은 대부분 잊혔지만 그 느낌은 여전히 남아 있다. 문학을 사랑하는 감은 잃지 않았단 의미다. 그리고 아이들은 엄마가 읽어 줬던 그 많은 책들을 다행히도 잊지 않고 가슴에 품어, 가끔씩 공부에 지쳤거나 기분이 우울할 때면 꺼내 보며 힐링하는 시간을 갖기도 한다. 마음이 포근해진단다. 아이들의 그런 말을 들으면 혼자 몰래 탁자를 지그시 붙잡는다. 가슴에서 행복이 부풀어 올라 멀리 하늘까지 날아 올라 버릴까 봐.

민서와 지아에게는 따로 한글을 가르친 적이 없다. 책을 읽다 자연스레 글자의 질서를 발견했고 그러면서 연필을 쥐고 쓰기 시작했다. 6살부터는 일기 쓰기도 시작했다. 민서가 일기 한 편을 쓸 때마다 엄마도 편지 한 통을 남겼다. 그 일기장이 고스란히 남아 있다. 가끔 민서는 혼자 방에서 그때 엄마와 함께한 추억을 읽는다. 또 피아노 성애자로서 한마디 첨언하자면 피아노를 배운 덕에 집중력이 늘었고 박자를 나누고 리듬을 세며 수학의 감을 익혀 나갔다(고 나는 확신한다).

초등학교 저학년까지는 '책이 전부'라고 해도 (진심으로) 과언이 아니다. 단, 아이들에게 책을 강요해선 안 된다. 또 엄마, 아빠는 스마트폰을 쥐고 있으면서 아이들에게만 독서의 유용성을 설파하는 것도 부끄러운 일이다. 아이들은 다 안다. 부모가 뭘 좋아하는지. 그리고 자연스레 그걸 함께 좋아하게 된다. 간혹 도서관에 가면 장바구니 가득 아이들 책을 빌리는 부모를 목격하곤 한다. 하지만 정작 본인을 위한 책은 없다. 어쩌면 구입해서 읽고 있는지도 모르겠으나, 그건 왠지 아닐 것 같은 느낌적인 느낌이 든다.

어릴 적 책 읽기를 좋아했다고 그 '아름다운' 행태가 꾸준히 유지되리라 믿는 것도 오만이다. 그나마 중학교까진 간신히 독서 명맥을 유지하던 민서도 지금은 책과는 거의 담을 쌓았다. (며칠 전에는 '난 활자를 싫어하는 사람'이라며 방학에 독서 좀 하라는 엄마를 면박 줬다. 나쁜 놈!) 그래도 한 가지 위안 삼는 건 읽어 버릇하던 저력이 쌓여 독서 자체를 혐오하진 않는 정도라는 거? (쓰면서도 가슴이 아린다.)

간혹 독서를 성적 향상의 밑거름이라 여기며 '음흉한' 목적으로 '권수에 집착하는 책 읽기'를 강요하는 경우도 있다. 매우 위험하다. 다시 강조하지만 아이들은 다 안다. 그저 즐겨도 되는지, 뭔가를 이뤄 내야 하는지를.

내가 생각하는 독서의 정의는 '콩나물시루에 물 주기'다. 시루에 물을 부으면 밑으로 다 빠져나가 도대체 물을 주는 건지 마는 건지, 이래 가지고 과연 콩나물이 자랄 수 있을지 의문이 든다. 하지만 결과는? 콩나물은 쑥쑥 자란다. 읽고 즐기면 아이 내면에 그 수많은 이야기들이 켜켜이 쌓인다. 생각이 자라고 그릇이 커 간다.

지금도 나는 책을 읽다가 아이들에게 들려주고 싶은 부분이 있으면 들어 보라며 크게 낭독을 한다. 그럴 때마다 귀를 쫑긋 세우고 엄마 말을 경청하는 두 아이가 사랑스럽다. 집에 소장 도서가 많은 편이라 웬만하면 도서관에서 대출해 읽지만(실상 도서관에서 아이들 책을 빌린 건 손에 꼽는다) 먼저 읽어 보고 아이들과 함께 나누고픈 내용이 가득한 도서는 반드시 구입한다.

스스로가 선택한 공부를 할 수 있는 때가 오면, 민서, 지아 모두 다시 열심히, 기꺼운 마음으로 책에 손을 뻗을 것이다. 독서의 기쁨을 아는 아이는 반드시 돌아오게 돼 있다고 믿는다. 마치 연어가 본능적으로 각인된 고향을 향해 회귀하듯이.

『강아지 똥』과 『어린왕자』, 『나의 라임오렌지나무』, 『우산 타고 날아온 메리 포핀스』는 아이들에게 읽어 줄 때마다 울컥! 눈물이 쏟아진 책들이다. 네 권의 책이 내 눈물을 뽑아내는 지점의 공통점은 '어린 마음을 보내야 할 때'다. 엄마가 울 때마다 아이들은 빤히 쳐다보다가 엄마를 꼭 안아 주고 토닥토닥 다독여 줬다. 나의 어린이들이 내 마음속에 남아 있는 어린이를 다독여 주는 풍경. 엄마만이 누릴 수 있는 특권이다.

이제 민서는 독서보다는 '사회 이슈'에 관심이 더 많은, 핸드폰에서 정보를 얻는 '포토 사피엔스'가 됐다. 그 모습이 적잖이 걱정스러운지 평소 아이들에게 이래라저래라 하지 않는 남편이 "고등학교 시절 『토지』 10권에 도전해 봐라. 문학과 역사의 정수를 배울 수 있다"고 권했다. 10대가 "그럴게요, 아빠." 하면 최소 '소시오패스'라더니, 우리 아들은 다행히 건강한 정신세계를 가진 청소년이었다. 아빠의 말을 귓등으로도 듣지 않고 있으니까. (그렇다고 '오, 이 집은 아빠도 열심히 책을 읽나 보다.' 여기면 곤란하다. 남편과 함께한 적지 않은 시간 동안 책 읽는 모습을 본 기억이 거의 없…… 아! 두 권 있었다. 『나미야 잡화점의 기적』과 『키다리 아저씨』. 『키다리 아저씨』는 이틀 걸려 읽었는데, 아마 '키다리 아가씨'였다면 하루 만에 독파했을 거라 믿어 의심치 않는다.)

민서는 자신도 이 땅의 '시민'이라며 포털에 올라온 뉴스를 보고 현 정치에 대한 신랄한 비판과 과격한 언행을 서슴지 않기도 한다. 가끔 그 톤이 과하다 싶을 때는 나도 참지 않고 '한 성질' 하는 엄마의 모습을 과감하게 드러낸다. "너, 그런 깊이라고는 없는 낚시성 기사들을 보며 네가 뭐라고 했는지 날짜랑 내용 다 적어 놔. 그리고 딱 10년 뒤에 열어 봐. 엄청 창피할 거야. 그리고 너 꿈이 외교관이라고 했지? 앞으로 네가 세계를 돌며 만날 그 누구도 '고등학교 때 본 뉴스가 뭐였냐?'는 질문은 안 할 거야. 하지만 '한국의 대표 문학은 무엇이며 어떤 작가의 작품을 세계인에게 소개해 주고 싶은가?'는 묻고도 남겠지. 기억하면 좋겠다." 그러나 건강한 10대인 우리 민서는 결코 아빠가 권한 『토지』도 엄마가 권한 『태백산맥』도 열어 보지 않는다. 그러면서 하는 말 "엄마가 읽어 주면 참 좋겠다." (이건 소시오패스보다 더 한 건가?) 어릴 적부터 책을 읽어 줘 버릇하면 이렇게 위험한 부작용이 따를 수도 있다.

어디에나 '대치동'은 존재한다

"미국이나 유럽 같은 선진국에선 우리나라처럼 애들 힘들게 하는 공부는 시키지 않는다."

→ 『파크애비뉴의 영장류』와 『타이거 마더』 일독을 권함. 그리고 대한민국은 이미 세계 10위 안에 드는 경제 대국임.

"전 세계 어디서도 이런 말도 안 되는 주입식 교육을 시키는 곳은 없다."

→ 전 세계의 교육제도를 모두 아시다니, 몹시 부럽!

"이렇게 공부해야 하는 우리 아이들이 너무 불쌍해요."

→ 힘겨운 그 길에서 잠시 나와 아이가 잘하는 걸 함께 찾아보는 것도 좋지 않을는지.

비교는 인간을 성장시키는 원동력이기도 하지만 스스로를 비루하게 느끼게 만드는 단점 또한 지니고 있다.

대치동은 그저 '교육 특구의 상징'으로 특화되었을 뿐 부모가 된 이들은 거의 대부분 '마음의 대치동'을 품고 있지 않을까. 옆집 아이와, 학교와 학원의 또래 친구들과 내 아이를 비교하며 좌절하거나 기뻐한다. 아이가 학교에 들어갈 즈음이면 조금이라도 교육열이 높은 동네를 선호하고 학원 인프라가 잘 갖춰진 곳을 찾는다. 그러면서 간혹 언론이 '학원 뺑뺑이 도느라 밥 먹을 시간도 없는 대치동 아이들' 운운하며 아이들이 편의점에 서서 컵라면 먹는 장면이라도 보도하는 날이면 '저렇게 까지 아이들을 혹사시켜야 돼? 진짜 대치동 학부모들은 제정신이 아니야' 한다.

짧지 않은 대치동 살이를 하며 목도한 건 보이는 게 다가 아니라는 것이다. 편의점에서 라면을 먹고 있던 아이는 대치동에 살고 있지 않을 가능성이 크고, 그저 편의점 컵라면이 먹고 싶어서 그곳에 있었을 수도 있다. 주변에서 아이를 그렇게까지 '혹사'시키는 경우를 (소문은 들어봤으나) 직접 본 적은 없다.

처음 대치동에 막 입성해서는 아이들 반 엄마들과 브런치 모임을 가끔 했었다. (왜 그랬을까 생각해 보니 이 또한 '카더라' 통신에 입각한 정보였다. 엄마들과 교류를 해야 교육 정보에 뒤처지지 않는다는.) 잠시였지만 당시 참 불행했다. 사교육을 안 시키고 살아온 지난날들이 급 반성이 되고 내가 너무 구시대적으로 살았나 하는 생각도 들었다.

다시 행복을 찾은 건 학원이나 아이들 진도 문제를 논하는 자리에 일절 참석하지 않으면서부터였다. 그때가 바로 대치도서관 인문독서클럽과 함께한 시기다. 좋아하는 책을 읽고 그 내용을 나누고 생각을 키워 가고, 집에 돌아와 그 내용을 가족들에게 들려주고 또 서로 의견을 나누고. 선순환, 아름다운 선순환!

'그럼 당신은 왜 대치동에 있는가?' 세상 모든 만물은 양면성을 띤다. 빛과 어둠은 둘이 아닌 하나다. 민서와 지아는 이곳에서 좋은 선생님들과 또 예쁜 친구들과 행복하게 지낸다. 사교육의 선택지가 넓다는 것, 필요한 교육을 언제든 받을 수 있다는 것은 대치동의 커다란 장점이다.

여기까지 읽고 '흠, 대치동 살이 할 만한 거 같은데? 도전!'을 외치는 분들에게 노파심에 다시 한번 고함. 어쩌면 대치동의 특별한 일상을 나와 아이들의 일상으로 받아들이고 즐거움을 찾을 때까지 적잖은 시간이 걸렸다. 일단 아이를 새로운 환경에 적응시킨다는 것부터가 커다란 모험이다. 내 아이의 수준이 생각보다 높지 않다는 데서 오는 '현타'도 감내해야 하며, 그걸 아이에게 화로 풀어내지 않도록 매일 자신을 단련해야 한다. 도 닦듯이.

그럼에도 비교하지 않고, 학원 진도가 아닌 내 아이의 진도에 맞게 학습 플랜을 짜고 시행할 용기가 있다면, 그렇게 선택한 대치동은 아픔을 주는 곳이 아니게 된다. 어디나 있는 대치동들, 그 또한 마찬가지다.

내가 천사엄마? 애들 들으면 기절 각

"엄마, 공유는 8등신이래! 난 몇 등신이야?"
"그냥 등신."

"엄마, 나 이렇게 입으니까 어때?"

"딱 그거네, 패션테러리스트."

"엄마, 나 배 아파."

"똥 싸."

"아니, 그 배가 아니라 자꾸 소화가 안 되는 거 같단 말이야."

"나가서 운동해! 너 맨날 바닥에 뭘 곰 가죽 카펫 마냥 널브러져 있을 때 알아봤어! 얼른 나가서 걸어!"(그 뒤 병원 실려가 맹장 수술함.)

"엄마, 엄마도 마이클 샌델 『JUSTICE』 읽었지? 거기서 가장 인상 깊었던 게 뭐였어? 이유도 같이 말해 봐."

"민서야, 그거 너 학교 숙제지? 수작 부리지 마라. 니 숙제는 니가 하세요."

"엄마, 나 회장 선거 공약 정했는데 들어 봐. 어때?"

"지아야, 내가 널 아껴서 하는 말인데, 진심 별로다. 그걸로 회장 되면 내가 내 손에 장을 묻는다. 그렇게 호락호락한 세상이 아냐."

"민서야, 고등학생이 시험 기간에 10시간씩 자는 거 정상이냐고 담임쌤께 함 여쭤 봐."

"엄마, 우리 담임쌤이 그러는데 성공적인 대입을 결정짓는 8할이 멘탈이래. 난 8할은 일단 문제없어!"

"내가 너 그거 탑재시켜서 낳느라고 고생 좀 했어! 그래도 시험 기간 내내 10시간 자는 게 정상인지는 꼭 좀 물어 봐."

나와 아이들의 일상 대화. 따스함이나 친절함은 없다. 욕도 하고 막말도 한다. 우리 아이들은 엄마가 '웃겨서' 좋단다. 우리는 서로가 서로에게 최고의 개그맨이다. 물론 매일같이 웃음꽃이 피지는 않는다. 지아에게 엄마가 가장 많이 하는 말이 뭐냐고 물으니 "피아노 쳐!" "똑바로 쳐!" "5분 준다, 방 치워"란다. 내가 매일 저에게 말하는 "우리 강아지, 엄마 아가 사랑해"는 기억에서 삭제시켰나 보다. 민서에게 물어보니, 부드럽게 "민서야", 무섭게 "민서야!"를 가장 많이 들었다고 말하며 또 바닥에 널부러진다. 이놈들!

• Episode 3

민서는 중학교 1학년 때까지 산타의 존재를 믿었다. 그 순수함이 너무 예뻐 지켜 주고 싶었는데 초등학교 6학년 때 담임쌤이 날 부르시더니 "어머니, 민

서가! 민서가! 아직도 산타를 믿어요! 어머님이 말씀하실래요, 제가 말할까요? 이렇게 중학교 가면, 우리 민서 왕따되면 어째요?" 하셨다. (지금껏 내가 만난 최강 유쾌 쌤, 전진영 쌤! 책도 내셨으니 검색!)

그래도 끝까지 비밀을 유지하다 애가 너무 진지한 바람에 (중1이 막 산타한테 편지를 쓰고……) 사실을 털어놨다. 산타 할배는 없었다, 다 아빠였다. 민서는 눈물을 흘렸고 지아는 쾌재를 불렀다. 이제 원하는 선물을 주문할 수 있다나? 그동안 맘에 안 들어도 꾹 참느라 힘들었다나? 고등학생이 된 민서는 아직도 살짝 산타의 존재를 의심한다. 정말 있는 거 같다며.

대치맘이 전하는 '학원 선택 노하우'

1. 레벨 테스트로 내 아이를 평가하지 마라

레벨 테스트를 치르고 입원하는 경우는 영어와 수학이 대부분이다. 최근에는 수학 과목에서 주로 레벨 테스트가 이뤄지는데 이는 수능 영어가 절대평가 방식으로 바뀌었기 때문이다. 때문에 '대학 입시는 수학 점수가 좌우한다'는 말이 있을 정도로 수학은 내신과 수능, 대입에서 가장 중요한 성적 요소로 매년 막강한 영향력을 발휘하고 있으며 이 같은 상황은 이변이 없는 한 계속될 것으로 전망된다.

사정이 이렇다 보니 신학기 최대 관심사는 '수학 학원을 어디로 정할까?'로 귀결된다. 하지만 "진도는 어디까지 나갔느냐?" "중1은 중3 과정까지는 끝냈어야 레벨 테스트 문제를 풀 수 있다" "기초반에 먼저 들어가 실력을 다지고 레벨 테스트를 보는 방법이 있다"는 등의 힘 빠지는 멘트를 듣다 보면 아이가 벌써 낙오자의 대열에 들어섰나 싶은 공포감이 생기기 일쑤다.

그러나 학원이 레벨 테스트를 보는 이유는 실상 '아무것도 아니다'가 정답일지 모른다. 그저 학원 측이 구축해 놓은 프로그램에 맞는 학생을 뽑기 위해서다. 한 강의실에서 수업할 수 있는 학생 수는 한정돼 있고 분반이 많으면 수익이 떨어진다. 즉 학원 레벨 테스트의 기준은 '오직 학원'이지, 학생 즉, 우리 아이가 아님을 기억하길 바란다.

이 사실을 직시한 순간부터 나는 유명 학원과 대형 학원에 대한 환상을 버렸다. 그리고 내 아이를 '자본의 눈'만으로 바라보는 곳이 아닌 '하나의 인격체'로 대하는 쌤을 찾는 데 많은 시간을 보냈다. 그렇게 노력해도 매번 성공한 것은 아니었지만 멈추지 않았기에 좋은 인연들을 만날 수 있었다. 학원의 명성에서 자유로워지자! 제발!

2. 공포 마케팅에 현혹되지 마라

학원의 레벨 테스트는 수준에 따라 학생들이 수업을 받을 수 있도록 학습 능력을 평가하는 것이 목적이다. 하지만 학부모들 사이에 '어느 학원 어느 반에 속해 있느냐에 따라 학생이 진학할 대학의 윤곽이 보인다'는 인식이 퍼지면서, 교육 특구 등에서는 유명 학원의 레벨 테스트 전용 과외까지 성행 중이다. 학습에 도움을 받기 위해 사교육인 학원을 찾는데, 이 학원 수업을 듣기 위해 다른 사교육을 받아야 하는 어이없는 상황인 셈이다.

학원 레벨 테스트 결과에 과도한 불안을 느끼는 것은 우리 모두 지양해야 할 부분이다. 학원은 원생 모집을 위해 '학생의 실력은 다소 부족하지만 우리가 그 부분을 채워 줄 수 있다'는 것을 학부모에게 내세워야 하다 보니 학생들 수준보다 고난도로 설계된 레벨 테스트를 진행할 수밖에 없다. 어떻게 그렇게 잘 아느냐고? 현재 교육 전문지에 글을 쓰고 있으니 얼마나 많은 학원 관계자를 만나 봤겠나? 믿어라. 사실이다.

특히 결과지를 보며 상담이 진행되면 학원의 공포 마케팅은 절정에 달한다. '애가 이런 기본적인 것도 몰랐는데 여태 모르셨냐?'부터 심하게는 '어쩌다 이 지경이 될 때까지 내버려 두셨냐?'까지 학부모들로 하여금 심리적 죄책감과 불안을 조장하며 학원 등록을 유도한다. 만약 레벨 테스트를 치른 학원에 반드시 등록하고자 한다면 아이의 시험 내용과 결과를 보여 달라고 요청하는 작업이 필요하다. 그 뒤 부족한 부분을 파악한 후 학원 측에 '어느 정도의 기간에 걸쳐 어떻게 보완해 줄 것인지' 구체적인 계획을 들어 보면 좋다. 편하게 공부시키려고 학원 보내는 건데 이렇게까지 해야 하느냐고? 네! 하셔야 합니다!

또 한 가지 팁! 아무리 좋은 학원이라도 아이의 표정이 계속 어둡고 학원을 가는 발걸음이 도살장에 끌려가는 소걸음 같다면 수업을 지속할지의 여부에 대해 심각하게 재고할 필요가 있다. 반대로 표정은 밝은데 성적이 6개월간 요지부동이라면 강사가 실력이 아닌 개그로 수업을 진행할 확률이 높다. 두 경우 모두 과감히 학원을 옮기기를 강력하게! 추천한다.

엄마의 지구별 가이드북, 너희 둘!

민서가 내게 오기 전 중국어 강사였고, 민서와 지아가 태어난 후 엄마로 살았다. 언제나 대화가 통하는 엄마가 돼 주고 싶어 책을 읽었고, 함께하는 시간을 행복으로 채우고 싶어 책을 읽어 줬다. 피아노를 치는 두 아이 덕분에 클래식을 알았고 음악이 예술로 확장되어 미술사 공부의 재미에 빠졌다. 그러다 보니 연주회와 전시회를 찾으며 행복을 느끼는 '교향 좀 아는 인간'으로 성장했다.

민서가 중학생이 되자 교육과 입시에 대해 체계적으로 알아 가고 싶었고 더 많은 아이들과 독서를 베이스로 다양한 이슈와 생각거리 등을 나누고 싶어 교육 주간지로 유명한「내일교육」의 리포터가 됐다. 그리고 원 없이 기사를 쓰고 있다. 대문호도 아니면서 매주 머리털을 쥐어뜯으며. 내 평생 이렇게 많은 글을 쓸 날이 올지 몰랐다. 덕분에 교육계에 몸담은 명망 있는 분들과 각계 유명 인사들을 만나 인터뷰하는 기회도 자주 주어졌다. (이제 보니 대치동에 와서 내가 뭐라도 되어 가고 있는 것 같아 뿌듯하구먼.) 그리고 여전히 우리 도서관 회원들과 독서 토론을 한다. 즐겁고 기쁘다. 그에 더해 민서와 지아뿐 아니라 도서관에 모인 대한민국의 미래 시민, 귀요미들에게 한·중 역사와 중국어 수업도 하고 있다. 난 그저 책을 읽었을 뿐인데, 딸려 온 선물이 주렁주렁이다.

아이들이 내 등대다. 그래서 난 내 미래가 궁금하지 않고 두렵지도 않다. 그렇다고 아이들만 바라보지도 않는다. '자립'이야 말로 엄마로서 한 인간으로서 추구하는 나의 최종 목표이므로.

부모란 자식에게 '항구' 같은 존재여야 한다고 믿는다. 멀리 바다로 나아갈 수 있도록 아낌없는 응원과 격려를 보내되 아이들이 간혹 지쳐서 돌아오거나 잠시 엄마, 아빠를 그리워할 때 두 팔 벌려 넉넉히 안아 줄 수 있는 그런 항구가 되고자 한다.

훗날 민서, 지아가 엄마가 없는 세상을 살아갈 때, 엄마를 떠올리면 배시시 웃음이 났으면 좋겠다. 엄마와 배꼽 잡고 웃었던 수많은 에피소드들이, 엄마와 함께 외웠던 그 아름다운 시구들이, 엄마가 들려줬던 옛날이야기와 고전들이, 엄마와 함께 봤던 연주회와 전시회, 영화와 연극, 뮤지컬들이 아롱아롱 기억에 새겨져 힘겨울지도 모를 삶을 어루만져 주면 참 행복할 것 같다.

그리고 꼭 기억하렴. 우리 민서랑 지아! 엄마 기일에는 반드시! 엄마가 좋아하는 베토벤이랑 쇼팽 연주해 주는 거다, 예쁘게 정식으로 차려입고! 쏟아부은 레슨비를 생각하면 인간적으로 그 정도는 해 주자! 알겠냐?

대치동을 떠난 아들과 대치동에 남은 엄마, 우리들의 성장기

박동희

대치동으로 가자! SKY의 꿈을 품고! (착각의 시작)

"아들! 일어나!"

"왜요?"

"○○중학교는 아무래도 너무 불안해서 안 되겠어."

"왜요? 무슨 말이에요?"

"지역이 아무래도 불안해. A급 학원들이 있는 것도 아니고. 아무래도 대치동으로 가야겠어."

"또 시작됐어. 난 여기가 좋은데, 초등 때 친구들도 많고."

"친구가 중요해? 좋은 대학에 가려면 수학, 영어 학원이 더 중요해!"

"무슨 소리예요? 학원 때문에 전학을 간다고요?"

"하루라도 빨리 대치동으로 이사 가자. 중학교를 아예 대치동에서 시작하자."

"싫어요, 그냥 여기서 열심히 할게요."

한참 전의 일이다. 그때도 강남에서 살고 있었고 아들의 초등학교 교육을 마치고 중학교 배정을 받은 후의 일이었다. 그 지역도 꽤나 교육열이 높았지만 본격적인 공부가 시작되는 중학교 진학을 앞두고 나는 조금 불안했고, 오래전부터 들어 온 대치동의 명성과 소문에 끌리고 있었다. 맹모삼천지교孟母三遷之教를 익히 강조해 온 나로서는 '대치동'만 갈 수 있다면 자식의 교육이 절로 해결되리라 믿었다.

아들의 원망 어린 눈초리가 등 뒤로 느껴졌지만, 자식의 교육을 위해서는 인정사정 봐줘서는 안 된다고 나를 더욱 다잡으며, 매몰차게 아들의 손을 잡고 등록할 학원을 찾아서 그리고 옮겨 살 집을 찾아서 대치동으로 향했다. 다녀오는 내내 아들은 화가 잔뜩 나 있었지만 이내 천하태평 순진한 모습으로 돌아가 있었다. 이런 아들의 얼굴을 보며 "내 자식의 교육은 내가 책임지고 성공시키고 말리라" 다짐하며 더욱 강하게 마음을 다잡았다.

아들이 대학에 진학하려면 최소 6년 이상의 시간이 걸릴 터였으므로 안정적으로 생활하기 위해서는 집을 살 필요가 있다고 생각했다. 다른 일이었으면 망설이고 고민했겠지만, 자식 교육과 관련된 일이기에 의욕을 가지고 부동산 중개소에 들러 아파트 시세를 알아보았다. 예상했던 것 이상으로 만만치 않았다. 하지만 어디서 그런 맹목적인 힘이 쏟아져 나왔는지 우리의 능력을 초과하는 수준이었음에도 불구하고 대출을 받아서라도 아파트를 사야겠다고 결심했다. 부족한 것은 대출을 받아서 조금씩 갚아 나가는 방법 외에는 없었다.

살고 있던 집의 전세금을 빼고, 그동안 저축해 두었던 비상금을 더하고, 부족한 것은 대출을 받아서 지급하기로 하고 바로 아파트를 계약했다. 남편에게 상의도 없이 먼저 계약한 후 남편에게 전화로 통보를 했더니, 남편은 급작스런 나의 결정에 당황해 하면서 좀 더 시간을 가지고 고민해 보자고 합리적으로 나를 나무랐다. 그러나 대치동에 있는 중학교에 입학하려면 주거지를 옮겨야 하는데 시간이 너무나 빠듯했다. 나는 이 모든 것이 아들의 교육을 위한 것임을 완강한 태도로 강조했고 결국 남편은 마지못해 동의해 주었다. 이 급작스런 결정의 뒤처리를 감당해야 할 남편의 한숨 소리가 전화기 너머로 들리는 듯 했지만 애써 무시하고 끊었다. 나도 걱정이 없지는 않았지만 열정과 오기로 버티기로 결심했다. "아들을 좋은 대학에 보내기만 하면 가족들이 오늘의 나의 결정을 칭찬해 줄 거야"라고 생각하며 나를 위로했다. 우리 가족은 이렇게 대치동에 입성했다.

대치동에서의 삶, 갈등은 커져 가고

이렇게 시작된 대치동 생활. 아들은 대치동에 있는 학교에 배정되어 중학교 생활을 시작했고 새로운 친구들을 사귀면서 학교에 잘 적응해 가는 듯 보였다.

"학교생활은 어때? 선생님도 좋으시지?"

"잘 모르겠어. 그럭저럭 다닐 만해."

"공부 열심히 해야 돼. 네 공부를 위해서 이 엄청난 어려운 일들을 엄마 혼자서 해치운 거야. 알고 있지? 너만 열심히 공부하면 엄마는 이 고생조차 기쁘게 감당할 수 있어."

"……."

(묵묵부답. 고개를 숙인 채 핸드폰으로 열심히 게임만 하고 있다.)

'저도 힘들겠지. 하지만 곧 적응할 거야.'

나는 대치동의 다른 학부모들과 어울리며 그들의 조언을 열심히 들으며 유명한 학원들을 찾아 나섰다. 학원비가 만만치 않았지만 비싼 만큼 효과가 있겠지 생각하며 국어, 영어, 수학은 물론 여타 과목까지 등록을 마쳤다. 모두 합하니 엄청난 부담이 되었지만 허리를 더욱 졸라매고 씀씀이를 줄이자고 다짐하며 기꺼이 지갑을 열었다.

드디어 중간고사 성적이 나오는 날, 하루 종일 아들을 기다렸다. 밤늦게 시무룩한 표정으로 돌아온 아들을 향해 나는 성적표부터 내놓으라고 재촉했다. 묵묵부답인 아들을 참지 못하고 성질 급한 나는 직접 가방 속을 뒤져서 성적표를 찾아냈다. 성적이 내 기대에 한참 못 미쳤다. 최상을 기대했었는데 중상위권 정도에 해당하는 성적이었다. 늦은 귀가에 더해 만족스럽지 못한 성적까지, 나는 화를 참지 못하고 아들의 등짝을 힘껏 갈겼다. 가만히 서 있는 아들이 너무 미웠다. "기말고사 때 보겠어." 아들 방문을 꽝 닫으며, 곧 좋아지겠지 하며 나를 다독였다.

드디어 기말고사가 끝나고 방학이 되어 받아 본 아이의 성적은 나를 좌절케 했다. 올라가기는커녕 더 내려갔고 중상위권을 겨우 유지하고 있었다. 또 나무라는 나를 향해 아이는 여기 대치동 아이들의 수준이 너무 높아서 이정도 하는 것도 대단한 거라며 자신을 변호했다. 이렇게 시간은 흘러갔고 아이의 성적은 여전히 제자리걸음이었다. 그럼에도 불구하고 아들은 게임이며 주위 친구들과 어울려 노는 데에만 몰두했다. 싸우는 일도 점점 많아졌다. 한 번도 예상해 보지 못한 상황이었다. 심지어 어느 순간부터 아이는 나를 보면 피하고 대화조차도 꺼려했다. 학원 숙제도 억지로 꾸역꾸역 해 가는 눈치였다. '아! 이러려고 집까지 사서 대치동까지 왔나' 하는 후회와 자책감이 몰려와 나 자신이 초라하고 한심하게까지 느껴졌다.

공자께서는 남을 사랑하고 어질게 행동하는 '인仁'의 중요성을 말씀하셨거늘, 자식에 대한 나의 마음은 점점 강퍅해지고만 있으니 도서관에서 배운 동양철학 공부가 도대체 무슨 소용이란 말인가. 탄식이 절로 나왔다. 이럴 때일수록 자기 자신을 굳건하고 확고하게 잘 세워야 아들 교육도 제대로 시킬 수 있다는 생각이 들었다. 그래서 열심히 대치도서관에 다니며 인문학 책들을 읽는 한편 도서관에서 열리는 교양 강좌들을 열심히 들으며 허전한 마음을 달랬다. 시간이 흐르면 달라지고 좋아질 거라는 희망의 끈을 놓지 않았다. 그러나 마음 한구석에는 여전히 성적이 오르지 않는 아들의 상황과 현실 앞에 불안함과 초조함이 커져만 갔다. 무엇보다 걱정이 되는 것은 열심히 공부해서 좋은 대학에 가겠다는 목표 의식이 없는 아들 녀석의 답답한 태도였다. 여기에 방관자적인 태도로 일관하는 남편도 나를 힘들게 했다. 어느 날인가 식탁에 앉은 남편은 아이에게 너무 공부만 강요하다 보면 아이가 지치고 공부에 흥미를 잃어 더욱 힘들어진다는 둥 원론적인 이야기를 늘어놓으며 나를 힘 빠지게 했다. 명문대를 나온 남편의 이런 원론적인 말에 나는 "당신 공부하던 때와는 달라! 시대가 변해서 그때처럼 하면 '인 서울'도 힘들어!"라고 대꾸했지만 그때 내 마음에 응어리진 눈물이 밥알 속으로 스며들었던 것을 누가 알았으랴.

왜 이리 자식 교육이 힘들지? 도대체 뭐가 잘못된 거지? 숨조차 제대로 쉬기 힘들었다. 뭔가 새로운 전환점이 있어야 할 텐데. 나의 고민은 깊어만 갔다. 교육 1번지라고 하는 대치동에 오기만 하면 아들 교육은 저절로 해결될 줄 알았는데, 녹록치 않은 현실과 마주한 나는 점점 불안해져만 갔다. 자식 일을 아무에게나 내놓고 하소연할 수도 없고 구체적으로 성적을 어떻게 올려야 하는지도 모르겠고, 그저 막막하기만 했다.

이 막막한 마음을 덜어 보려고 다른 학부모들을 만나서 이야기를 나누어 보면 더 큰 좌절감만 쌓였다. 너무 방대하고 촘촘한 정보의 양에 놀랐고 그것을 실행에 옮기는 행동력과 그것을 가능케 하는 재력에 주눅이 들었다. '아! 저 정도는 해야만 살아남을 수 있는 것인가? 나는 저렇게 하지도 못하면서 공연히 아들만 들볶고 있었던 것은 아닌가?' 하는 자책감이 들었다. '알아서 좀 잘해 주면 나도 잘난 척 좀 하면서 폼도 좀 잡고 그럴 수 있었을 텐데. 공부 그게 뭐 그렇게 힘들어서 내 속을 이렇게 태우는지.' 괜스레 아들만 더 미워졌다. 자책 어린 자기연민만 깊어져 갔다.

때가 되면 어김없이 닥쳐오는 전쟁과 같은 중간고사와 기말고사로 인해 집안은 살얼음판과 같은 긴장된 분위기에 휩싸였다. 이러다가 자칫 아들과의 관계가 돌이킬 수 없는 지경까지 어긋나 버리는 건 아닐까 하는 생각에 무척 슬펐다.

플라톤의 『국가론』에서 길을 찾다

파울로 프레이리가 쓴 『페다고지』(교육학)에서는 "열린 대화를 통해서 서로 영향을 받고 배우면서 완전한 인간성에 다가가는 교육법"이 참된 교육이라고 했다. 나 역시 머리로는 알고 있지만 현실은 정반대였다. 학교에서 배운 내용을 암기하고 시험 보고 또 잊어버리고, 다시 학원에 가서는 소위 선행 학습이라고 남보다 앞서서 배우고, 그것을 힘들어 하는 자식에게 소리 지르며 강요하는 나 자신을 보며 '과연 이것이 누구를 위한 교육인가?' 하는 회의가 들기 시작했다.

아들은 아들대로 억지로 하는 공부에 대한 스트레스는 높아만 가고, 옆에서 재촉하고 강요하는 나는 학년이 올라갈수록 자식과의 대화는 점점 사라지고 인간성은 황폐해지고 가족과의 사이는 더욱 소원해지는, 답답한 날들의 연속이었다. 그러나 뾰족한 해답을 모르는 나는 '성적만 좋아지면 이 모든 것들이 해결되겠지. 교육학은 무슨 놈의 교육학, 대학만 잘 가면 되지.' 하면서 눈앞의 현실에만 몰두했고 아들은 점점 야위어 가며 성적에 대한 압박으로 하루하루가 버거워 보였다. 그런 아들을 보면서 나는 더욱더 나 자신을 몰아세우며 더 열심히 밥을 해서 먹이고 아들에게 맞는 학원을 찾아다니며 나와 아들을 몰아붙였다.

그러던 중 중학교 3학년을 대상으로 한 어느 진학설명회를 다녀온 후 나는 소위 SKY에 대한 꿈을 접고 새로운 세계로 나아가기로 결심했다. 설명회의 연사가 말하는 좋은 대학 진학을 위한 준비 과정은 듣기만 해도 너무나 벅차고 힘든 것이었다. 지금까지 한 것처럼 고등학교 3년을 보내야 하다니, 생각만 해도 끔찍했다. 그렇게 하고도 만약 원하는 대학 진학에 실패한다면, 주위에서 뭐라고 하겠어? 또 한편 이런 생각을 하고 있는 나 자신이 초라하기도 하고 너무 이기적이라는 생각이 들었다.

문득 그리스의 철학자 플라톤이 『국가론』에서 강조한 '아레테 Arete', 즉 탁월함의 중요성에 관한 이야기가 뇌리를 스쳤다. 그는 탁월한 지혜를 가진 사람이 통치자의 역할을, 탁월한 용기를 가진 사람이 군인의 역할을, 그리고 탁월한 절제력을 가진 사람이 생산자의 역할을 다할 때 이상적인 국가가 된다고 말했다. 사람에게는 각자의 적성과 개성이 있고 그에 따라 최선을 다할 때에 탁월성이 발휘된다는데, 나는 아들에게 맞지도 않는 옷을 계속 강요하고 있었던 것은 아닐까 하는 회의감이 들었다. 아들에게 일방적으로 명문대학 진학만 강요하기보다 아들에게 맞는 그 무엇을 찾도록 해야만 한 인간으로서 탁월성을 가지고 살아갈 수 있는 것이 아닐까 하는 깨달음이 불현듯 찾아온 것이다. 그리고 아들의 교육에만 몰두하느라 주체성을 잃어 가는 나의 삶에 대한 회의도 동시에 찾아왔다.

무엇인가 새로운 길을 찾아야만 해!

그렇다면 새로운 길은 과연 어떤 것일까? 아들을 위한다고 하면서도 사실은 아들의 행복보다 나의 체면을 더 중요하게 생각했던 지난 시간들이었다. 자신의 진정한 행복보다는 나의 바람을 이뤄 주는 도구로 전락해 버린 아들의 인생을 생각하며, 어리석은 욕심에 사로잡혔던 나를 반성하며, 아들과 진지한 대화를 시도해 보기로 했다.

"공부하기 힘들지? 그래도 최선을 다해서 대학은 가야 하지 않겠니?"

"그러려고 해요."

"그런데 왜 자신 없는 목소리니? 알아서 자율적으로 하면 더 좋잖아?"

"알아서 한다? 항상 엄마가 준비해 주는 대로 따라만 하면 됐는데, 나는 그저 로봇이지. 흐흐."

"뭐라고? 그러면 앞으로 엄마는 아무것도 하지 않을 거야. 네가 알아서 독립적으로 할 수 있도록. 네가 너의 미래를 생각해 보고 나를 설득해 보렴. 앞으로 어떻게 하면 좋을지 그리고 다시 시작해 보자 우리."

"(눈이 휘둥그레지면서) 정말? 그래도 될까요?"

"너도 곧 고등학생이 될 테니까 너의 인생을 네가 직접 고민해 보고 설계해 보렴."

"항상 엄마가 하라는 대로만 하다 보니까 그저 생각 없이 살았어. 그리고 항상 시간이 없었어. 학교 가랴, 학원 가랴, 숙제 하랴."

"그래, 네 말도 맞아. 시간을 가지고 생각해 본 다음에 우리 다시 의논하자."

마음을 열고 대화를 시도하는 나의 모습에 아들의 표정도 조금은 밝아졌다. 그런 아들을 보며 약간의 기대를 가지면서도 인생 설계가 그렇게 쉽겠어 하며 아직도 아들을 믿지 못하는 나의 모습에 서글퍼지기도 했다. 그러던 어느 날, 영어 학원에 다녀온 아들이 나에게 뜻밖의 질문을 하였다.

"엄마, 나 영어 제대로 좀 공부할 수 없을까? 회화를 제대로 배워 보고 싶어. 다른 애들이 하는 것보다 좀 모자라기도 하고."

아들은 평소 영어 시험에 필요한 문법은 따분해 하고 싫어했지만 회화에는 어느 정도 자신이 있었고 재미있어 했다. 그런데 어려서부터 외국에서 살다가 들어와 회화에도 능한 아이들이 비교적 많은 대치동에서는 아무래도 주눅이 든 모양이었다.

"다른 애들은 회화도 잘하고 발음도 아주 좋은데, 나는 좀 모자라는 것 같아."

"그 아이들은 어려서 외국에서 살다 와서 그런 거겠지. 그렇지만 대학 시험을 위해서는 문법 공부가 더 중요해."

"엄마, 나도 외국에서 영어 좀 배워 보면 안 될까?"

전혀 예상하지 못한 뜻밖의 제안이었다. 그리고 자신이 직접 공부를 해 보고 싶다니 놀라웠다. 처음으로, 스스로 무엇인가를 해 보고 싶다고 말한 것이다.

"그럼 너 방학 때 외국에 어학연수 한번 가 볼래?"

"중3이면 지금 한창 공부해야 할 때인데 방학에 외국에 나가도 될까?"

"아빠가 잘 아는 미국이나 캐나다에 가서 영어 공부를 제대로 해 볼 수도 있겠지."

"그럼 방학 때 학원은 안 가도 되겠네. 이 학원 저 학원 매일 돌아다닐 필요도 없고, 엄마 잔소리도 없는 새로운 곳에서 생활할 수도 있고. 그런데 외국 사람들만 있는 곳에서 내가 잘할 수 있을까? 영어도 제대로 말하지도 알아듣지도 못하는데."

"잘 고민해 보렴. 너만 갈 생각이 있다면 아빠와 상의해서 한번 알아볼게."

아들은 새로운 제안에 관심을 가진 듯 했지만 이내 자기 방에 들어가 컴퓨터 게임에 몰두했다. 그리고 다음 날 학교에서 돌아온 아들이 진지한 표정으로 말했다.

"엄마, 나 어학연수 갈게. 영어 좀 제대로 배워 보고 싶어. 거기 가면 아는 친구도 없고, PC방도 없으니까 게임도 못하고, 제대로 영어 공부도 할 수 있겠지."

"알았어. 아빠와 상의해서 결정하도록 하자."

아들의 결정에 내심 놀라면서도 한편으론 머릿속이 복잡해지기 시작했다. 잠시 어학연수를 하고 돌아온다고 해서 입시 준비의 무게가 덜어질 것 같지도 않고, 핵심 과목인 영어가 단번에 해결될 리도 없는데 영어를 만만히 보는 아들의 단순 무식함에 화가 나기도 했다. 그럼에도 친구도 없는 외국에서 긴 방학 기간 홀로 도전해 보겠다니 기분이 좋았다. 처음으로 '자기 스스로' 해 보고 싶다고 말한 것 자체가 놀랍고 기뻤다. 이 소식을 들은 남편도 적잖이 좋아하면서 지인이 있는 밴쿠버에 연락해 바로 준비에 들어갔다.

아들의 선택, 그리고 나 자신의 삶

늘 아들의 공부 때문에, 나와 아들 간의 갈등 때문에 중간에서 힘들어 했던 남편은 아들의 선택이 이러한 상황을 타개할 수 있는 좋은 계기가 될 것이라고 이야기했다. 아이에게는 부모 곁을 떠나 새로운 세상에서 경험을 쌓는 기회가, 엄마인 나에게는 자식이라는 부담을 일시적으로나마 덜고 자신을 돌아볼 수 있는 계기가 될 것이라고. 나 역시 남편을 다시 보게 되었다. 자식 교육에는 무관심한 줄 알았는데 나름 관심을 가지고 고민을 하고 있었던 것이다. 이런 남편의 고민을 무시한 채 나의 방식만이 옳다고 일방적으로 밀어붙였던 것을 반성하며 다시금 가족 간의 신뢰가 얼마나 중요한지 깨달았고 남편에게 고마움을 느꼈다. 어쩌면 나 자신이 먼저 자유롭고 싶었는지도 모르겠다. 그래, 두 달 정도 떨어져서 살아 보자. 아들에게도 자유를 주고 독자적으로 스스로 살아 보도록 하자.

중학교 3학년 방학이 시작되자 아이는 캐나다 밴쿠버로 약 40일간의 어학연수를 떠났다. 한국에서 과학고 선생님을 지냈던 남편의 친구 집에 머무르면서 낮에는 캐나다 학교에서 영어를 배우고 수학도 따로 공부하는 일정으로 프로그램을 짰다. 처음으로 아이와 떨어지는 것이 못내 불안하고 걱정도 되었지만 아이는 씩씩하게 잘 적응했다. 아마도 아빠와 친구 사이인 댁에 머무르느라 더 그랬던 것도 같다. 20일쯤 지난 무렵, 아들로부터 전화가 걸려 왔다.

"엄마, 나 여기서 공부해 보니까 나하고 맞는 것 같은데, 나 여기 남아서 계속 공부하면 안 될까?"

예상치도 못한 뜻밖의 제안이었다. 한국으로 돌아와서 중학교를 졸업하고 고등학교 진학도 해야 하는데 외국에 남아서 계속 공부를 하고 싶다니. 남편은 대찬성이었다. 아들이 최초로 내린 독자적인 결정에 전폭적인 지지를 보냈다. 우선 스스로 내린 결정이니 존중해야 하고, 또한 스스로 내린 결정이니 자신이 책임감을 가지고 하지 않겠느냐는 논리였다. 그리고 언제까지고 옆에서 계속 보호하고 강요하는 것이 장기적으로 아이에게 도움이 될 리 없다는 이유였다. 나에게도 이제부터는 아이에만 매달려 살지 말고 나 자신의 삶을 살라고, 가족 모두를 위해서도 도전해 볼 만한 일이라고 설득하며 아들을 지지했다. 남편의 말에 수긍하면서도 항상 아들 곁을 지키며 보호하며 살아온 나로서는 쉽게 결정을 내릴 수가 없었고 고민에 고민을 거듭할 수밖에 없었다. 그 누구도 아닌 아들의 문제였기에.

어떤 문제에 직면하여 그 해결의 실마리를 찾고자 할 때 나는 늘 남보다 깊이 생각하는 편이다. 일어날 수 있는 여러 경우를 다 상정해 보고 신중히 결정하는 편이어서 나의 이런 습성에 대하여 남편은 항상 "당신은 결정과 선택이 참 선명해. 지혜로운 생활의 고수야." 하며 나를 치켜세우곤 했다. 물론 듣기 좋으라고 하는 소리겠지만 그만큼 나는 어떤 결정을 앞두었을 때면 신중을 기하여 실수나 후회를 줄이려고 노력한다. 그런 나도 아들의 미래와 관련하여 당면한 상황 앞에서는 당황하고 주저할 수밖에 없었다. 한편으로는 먼저 유학을 보낸 경험이 있는 친지를 찾아 그 실정을 파악하려고 노력도 했지만 걱정으로 가득 찬 나의 마음은 쉽게 편안해지지가 않았다.

나의 등을 토닥여 준 『돈키호테』

무엇인가 지푸라기라도 잡고 싶은 심정으로 고민에 고민을 거듭할 즈음 대치도서관 독서 모임에서 함께 읽었던 책들을 통해 얻었던 감동과 교훈이 생각을 정리하는 데 많은 도움을 주었다. 특히 재미있으면서도 감동적인, 내가 참 좋아하는 소설인 세르반테스의 『돈키호테』가 나에게 결정적인 도움을 주었다.

현재의 객관적 상황! 중학교도 졸업하지 않은 아들이 지금 해외에서 영어 공부를 시작해 미국에서 고등학교를 마치고 미국의 명문 대학에 들어갈 수 있을까? 아무리 생각해도 어불성설이고 신기루와 같은 목표였다. 시간도 촉박할 뿐더러 지금부터 영어를 제대로 배워 미국에서 고등학교, 대학교를 제대로 마친다는 것 자체가 불가능해 보였다. 그러다가 불현듯 풍차와 맞서 싸웠던 돈키호테가 생각났다. 책에서 읽었던 기사를 흉내 내며 로시난테^馬를 타고 산초(시종)와 함께 환상의 세계로 여행을 떠났던 돈키호테. 길을 가던 중 그들 앞에 나타난 수십 개의 풍차를 본 돈키호테는 그것을 거인 악마라고 생각한다. 산초는 그것이 풍차라고 제대로 알려주지만 돈키호테는 산초를 겁쟁이라고 비난하고 로시난테에 박차를 가하여 풍차를 향해 질주한다. 마침 바람이 불어 돌기 시작한 풍차의 날개에 그의 창은 부서지고 말과 함께 멀리 튕겨져 나동그라진다.

『돈키호테』는 현실과 환상이 뒤섞인 기상천외한 사건을 다룬 기사 소설인데, 처음 읽기 시작했을 때에는 너무나도 황당하고 비현실적어서 화가 나기도 했지만 점점 읽어 갈수록 돈키호테의 인간에 대한 깊은 애정과 자기만의 꿈을 향해 나아가는 모습이 너무 좋아서 낄낄대면서 무려 1400페이지가 넘는 원작을 다 읽어 냈었다.

돈키호테는 환상의 세계를 실제로 믿는 듯 살았다. 그 착각에서 깨어나라고 다그치는 주위의 사람들과 다투지도 않았다. 그는 잠을 자는 것은 아니었지만 단지 꿈을 꾸었을 뿐이다. 그리고 그 꿈에서 깨어나지 않으려고 조심하고 고군분투했을 뿐이다.

인생이란 무엇인가? 우리는 무엇을 위하여 기나긴 인생 여정을 살아 내고 있는가? 나의 못다 이룬 꿈을 나대신 아들이 이루도록 끊임없이 채찍질하는 것이 내 인생의 사명이란 말인가? 다른 이들의 성공 논리에 나의 인생과 나의 가족의 삶 모두를 맞추어 나가는 것이 과연 내가 진심으로 원하는 행복한 삶인가? 질문에 질문이 나의 머리를 맴돌며 혼란스러웠다.

『돈키호테』를 읽었을 때, 다시 태어난다면 누가 뭐래도 '나의 꿈'을 위하여 나의 인생을 설계하고 살아가리라 다짐하고 맹세했었는데…… 왜 나는 지금 아들이 새로운 각오로 호기롭게 나아가려는 자기의 길을 지지하지 못하고 나의 경험과 편견에 사로잡혀 방해할 이유만 찾고 있는 것인가? 낯선 곳에서 실패도 해 보고, 모르는 사람들과 어울려 살아가는 방법도 배우며 자주적으로 자기 인생을 꾸려 보게 하는 것이 진정 부모가 응원할 일 아닌가? 자신의 꿈을 좇아 나선 돈키호테의 행동마다 제지하고 현실의 잣대를 들이대는 산초의 역할을 내가 하고 있는 것은 아닌가?

나는 깊은 내면에서 책으로부터 전해진 통찰이 나의 마음을 변화시키는 과정을 느끼며 심히 놀랐고 또 한편으로는 눈물겹도록 고마웠다. 마치 돈키호테가 옆에 서서 흰 수염을 휘날리며 나의 등을 토닥거려 주는 듯했다.

껍질을 깨부수자!

또 하나 나의 마음을 움직인 것은 강준만 교수가 쓴 『미국사 산책』을 통해 얻은 지식 덕분이었다. 나라를 세우고 무수한 고난과 역경을 극복하며 세계 최강의 국가로 성장해 나가는 미국의 역사를 읽으며 한 나라의 정신과 그 번영에 부러움을 금치 못했다. 미국의 과거와 오늘을 객관적인 시각에서 서술한 이 책을 통하여 미국의 좋은 점과 나쁜 점을 균형감 있게 보게 되었다.

영국의 식민지로 시작하여 오늘의 미국이 되기까지의 과정은 당면한 상황보다 인간의 의지가 훨씬 강하다는 깨달음을 주었다.

종교의 자유 혹은 경제적 이유로 메이플라워호를 타고 죽음도 각오한 채 미국으로 왔던 그들의 프런티어^{Frontier} 정신은 오늘날의 미국을 가능하게 한 원동력이었다. 자유를 향한 그들의 의지를 읽을 때면 가슴이 뜨거워지고 무엇인가를 이루고자 하는 의지가 얼마나 소중한 것인지, 결국 그것이 역사까지 바꿀 수 있는 힘임을 깨닫게 되었다. 한편 책에는 미국이 그들만의 국가를 세우고 드넓은 땅을 차지하기 위해 인디언과 멕시코에 행한 비인간적 전쟁, 여러 약소국의 전쟁에 개입하여 선한 얼굴로 민주주의를 외치면서 미국의 힘을 행사하려고 했던 떳떳치 못한 역사들도 자세히 적혀 있다. 쿠바, 아프가니스탄, 이라크 전쟁 등 민주주의라는 명분을 내세워 끼어들었으나 실상은 힘으로 자신들의 이익을 지키려 했던 미국의 제국주의적 행태는 분명 큰 오점일 것이다.

사람에게도 음과 양이 있듯이 미국에도 햇빛과 그림자가 있다. 그러나 세계의 여러 인종이 모여서 이룩한 최강대국 미국의 힘을 부인할 수는 없다. 바로 그 세계 최강대국, 다양성이 존중되는 나라에서 공부를 해 본다는 것은 분명 좋은 기회가 될 것이라는 긍정적인 생각이 유학에 대한 모든 불신을 제거해 주었다. (나도 언젠가 기회가 된다면 미국의 자유로움과 다양성 그리고 광활한 자연을 몸소 체험해 보리라 꿈을 가지게 되었다.) 아들이 그런 미국을 용감하게 도전해 보겠다는데 왜 나는 불안해하고 주저하고 있는 것인가? 옛말에 "말은 나면 제주로, 사람은 나면 서울로 보내라"는 말이 있듯이 아들이 세계 최고의 선진국에서 공부를 해 보겠다는데 한번 해 볼 만한 일 아닌가 하는 생각이 들었다.

왜 나는 아들을 믿지 못하고 항상 내가 돌보아야 할 존재로만 인식하고 있는 것일까? 우선 나 자신이 그 껍질을 깨고 나와야 했다. 그토록 단단하게 나를 옭아매었던 것들을 깨부수는 함성이 내 안에서 울려 나왔다. "껍질을 깨부수자!" 용기를 낸 아들의 결정을 믿어 주고 응원하자. 내가 사랑하는 아들을 믿어 주지 못 한다면 이 거친 세상에서 그 누가 아들을 믿어 주겠는가?

이렇게 마음 다잡고 결정을 내리자 마음이 평온해졌다. 긍정적인 태도로 미래와 부딪혀 보자는 각오도 다졌다. 이것이 진정 거부할 수 없는 '책의 쓸모'구나 하는 깨달음도 얻었다. 더 힘내서 더 많은 책을 읽어야겠다고 다짐했다.

엄마, 나 어른이 된 것 같아!

도전을 결정한 우리 가족은 실행에 착수했다. 아들은 캐나다 벤

쿠버에서 1년간 중학교 과정을 마치고 영어를 습득한 후에 미국의 고등학교에 진학하고 대학까지 도전하기로 했다. 경제적으로 상당한 부담이 될 터이지만 그 부분은 부모가 책임지는 대신에 아들은 자신이 결정한 만큼 중간에 포기하고 돌아올 수 없다는 조건하에 최선을 다하기로 서로 합의했다.

처음 캐나다 밴쿠버에서 아들이 생활하게 된 곳은 아는 분을 통해 소개받은 한국인 여성분의 집이었는데, 캐나다인 남편과 초등학생 아들이 있는 집이었다. 이제껏 나의 관심과 보호를 떠나 남과는 살아 본 적이 없는 아들이 과연 남의 집에서 잘 살 수 있을까 하는 걱정에 노심초사하고 있는데, 마침 아들에게서 걸려 온 전화는 처음 겪는 객지 생활의 어려움이 그대로 전해졌다.

"어떻게 지내니? 학교는 잘 다니니? 밥은 잘 챙겨 먹고? 잠자리는?"

궁금한 것도 챙겨야 할 것도 너무 많았기에 질문이 줄을 이었다. 그런데 아들은 한참을 묵묵부답이었다.

"좀 힘들어⋯⋯."

"왜?"

"영어도 힘들고, 다른 가족이랑 사는 것도 힘들고."

아들이 길게 이야기하지 않아도 알아차릴 수 있었다. 엄마 밑에서 편하게 생활해 온 아이가 남의 나라 남의 가정에서 겪는 어려움이 얼마나 많았을까. 나는 이해할 수 있었다. 어학 코스와는 달리 현지 중학교는 오로지 영어만 사용하는 까닭에 학교생활에 적응하기도 쉽지 않은 상황에서 남의 식구들과 함께 지내야 했으니 오죽했을까. 뒤에 안 사실이지만 나의 애절한 부탁 때문이었는지 아이를 맡아 주신 분께서 더욱 엄격하게 관리를 해 주신 통에 사춘기를 겪고 있던 아들은 꽤나 힘들었다고 한다.

"힘들지, 그럼. 그래도 열심히 해야지. 캐나다에서 중학교 과정 마치고 미국 고등학교로 옮기려면 영어에도 익숙해지고 성적도 나와야 하는데."

"알고 있어. 엄마, 이 집에서 난 어른이 된 것 같아."

"그래?"

"은근히 눈치 보이지만, 열심히 해서 미국 갈 수 있도록 최선을 다할게."

"(속으로 눈물을 삼키며) 고맙다. 엄마는 아들만 믿을게."

전화가 끊겼다. 나와 한 약속도 있고 자신이 결심한 바도 있어서인지 아들은 대놓고 힘들다는 말은 안 했지만 다 느낄 수 있었다. 그 외로움과 고통을. 마음은 당장 달려가서 한국으로 데리고 오고 싶었지만 서로에게 한 약속을 믿고 굳건하게 견딜 수밖에 다른 방법은 없었다.

그렇게 캐나다에서 6개월을 보내고, 아들은 성공적으로 미국 인디애나주에 소재한 고등학교에 입학했다. 짧은 시간 동안 아들은 신체적으로나 정신적으로 성숙해 있었고, 그만큼 영어 실력과 공부에도 나름의 발전이 있었다. 제대로 영어를 습득하고 공부에만 집중하기 위해서는 한국인들이 별로 없는 곳이 좋다고 생각하여 인디애나폴리스 외곽의 고등학교에 진학하게 된 아들은 이제부터 정말 한국 음식도 한국 사람도 접할 수 없는 곳에서 살아가야만 했다.

미국에서 아들은 같은 학교의 미국인 학생 집에서 자원봉사 홈스테이로 생활하게 되었다. 처음에 나는 미국인들의 습성을 잘 몰랐던 터라 공짜 하숙이 별 수 있으랴 하는 걱정에 하숙비를 지불하겠다고 제안했다. 하지만 크리스천이었던 그들은 나의 제안에 손사래를 치며 자기들이 좋아서 하는 일이고 또 하느님께 서원해서 하는 일이니 일체의 비용 없이 아들을 돌보겠다고 했다. 한편으로는 불안하기도 했지만 고마운 마음이 들었다.

그 집은 할아버지, 할머니 부부와 2남 1녀의 자녀가 함께 사는 경제적으로도 윤택한 미국의 전형적인 중산층 가족이었다. 자녀들도 아들보다 위로 하나, 밑으로 하나가 있어서 외아들로 외롭게 지냈던 우리 아이가 자연스럽게 대가족의 분위기를 느낄 수 있었던 것 같다. 미국인 부모는 우리 아들을 그들의 자녀와 똑같이 대했다. 집안에서 적절한 노동과 봉사를 하게 했고 그에 대한 대가로 용돈을 주며 미국 중부 크리스천 가정의 근면 성실함으로 아들을 돌봐주었다. 어쩌면 인생에서 제일 중요한 청소년기를 스스로 독립적으로 살아가며 책임감을 배우고 따뜻한 가족애를 느끼며 생활하게 된 것이다.

아들은 캐나다에서 호된 하숙 살이를 겪어서인지, 미국에서는 매사에 감사하며 잘 적응해 나갔다. 한국인 하나 없이 오로지 미국인들과 생활해야 했기에 영어도 부쩍 늘었고 한국에서는 겪어 보지 못한 대가족 사이에서 할아버지, 할머니 세대의 사랑을 받고 다양한 가족과 교류하면서 성격도 활발해졌다. 그리고 축구부, 육상부 같은 과외활동에도 참가하며 다양한 취미 활동을 통해 많은 친구도 사귀고 공부에도 재미를 붙여 나갔다.

대치동을 떠난 아들과 대치동에 남은 엄마, 우리들의 성장기

학기마다 보내오는 아들의 성적은 늘 최상위권이었다. 다양한 활동에 대한 학교의 평가도 좋았다. 그토록 바라고 바라던 결실을 내 곁에서가 아닌 미국의 가정과 학교에서 보게 되다니 한편으로는 허탈한 마음도 없지 않았지만, 이제 아들의 미래에 걱정보다는 기대가 커졌다. 아들은 자신의 성격과 적성을 고려하여 기업 경영에 꿈을 가지게 되었고 전공도 경영 쪽으로 정했다. 그리고 꿈에도 그리던 아이비리그IVY League 대학에 도전하여 결국 성공했다.

"내려놓으면 얻는다"는 진리를 나는 아들의 교육을 통해 깨달았다. 지금도 나는 그 중요한 시기에 나보다도 훌륭하게 아들을 키우고 보살펴 준 미국의 존John 어머니와 그녀의 가족들을 잊을 수가 없다. 평생 잊지 못할 은혜를 입었으며, 그 은혜는 아들과 그 친구 존과의 우정으로 평생 이어질 것이다.

이후 대학을 졸업한 아들은 해외 생활을 통해 얻게 된 외향적인 성격과 강인한 체력을 바탕으로 해병대 장교에 자원했다. 군 복무를 마치고 금융업계에 진출한 지금은 어엿한 사회인의 한 사람으로서 건강하게 생활하고 있다.

캐나다와 미국에서 처음으로 객지 생활을 시작한 아들은 힘들어도 했고 외로워도 했지만 서로가 합의했기에 부모인 우리가 현지로 찾아가지도 아들이 한국으로 오는 일도 없이 서로의 자리에서 최선을 다했다. 생각해 보면 멀리 떨어져 있기에 그저 건강하게만 잘 지내길 바라는 기대밖에는 없었는데, 부모 곁을 떠나 홀로 떨어진 아들은 인생의 절박함을 비로소 느꼈던 것 같다. 결국 자기 인생은 자기가 책임져야 한다는 사실을 깨닫고, 타인과 더불어 지내면서 어울려 사는 법을 터득했던 것 같다. 독립된 인간으로서 살아가야 할 삶의 무게와 책임을 자각하자 공부는 저절로 해결되었다. 인생의 한 과정이자 도구로서 공부의 필요성을 스스로 깨달았던 것이다.

지나간 세월을 돌이켜 보면 나는 아들을 독립된 인격체로서 믿지 못했다. 나 스스로 설정한 허상들―명문대 입학, 좋은 학원, 유능한 강사, 그리고 이를 이루어 줄 대치동의 삶―에 아들을 끼워 넣으려고만 했을 뿐이었다. 그것들조차도 진정 아들을 위하기보다 나 자신의 체면과 만족을 위한 것이었다. 이제는 깨닫는다. 공부든 그 무엇이든 자신의 삶에 대한 독립적이고도 주체적인 자각과 깨달음이 생기면 저절로 해결된다는 것을. 오랜 시간 나는 내가 모든 것을 결정하고 끌어 주는 것이 아이를 위하는 길이라고 착각을 하며 살았다. 결국 중요한 건 신뢰였다. 자신이 결정하도록 믿어 주고, 자신이 책임지도록 격려하는 것만이 부모가 할 수 있는 역할인 것이다.

지금도 대치동 거리를 거닐 때면 또 다른 우리 아들의 모습을 본다. 책으로 가득 찬 배낭을 둘러메고, 때로는 여행 가방을 끌며 이 학원 저 학원을 전전하는, 힘에 겨운 메마른 얼굴을 하고 쫓기듯 달려가는 많은 학생들!

대치동의 카페에서는 삼삼오오 둘러앉은 엄마들의 모습이 보인다. 슬쩍 들어 보면 아이들의 성적, 좋은 학원 유명 강사 이야기 일색이다. 성적이 좋은 아들의 엄마는 모임의 리더이자 모두의 우상이다. '누구누구의 엄마이기 이전에 독립적인 한 사람의 인생인데, 왜 모두 자식 문제에만 골몰하는 것일까? 나도 한때 저렇게 살았지. 지금 생각해 보면 다 부질없는 짓인데……,'

이 학원 저 학원으로 아이들을 데려다주는 엄마들의 차로 대치동은 늘 꽉 막혀 있다. '학원 하나 혼자서 못 가는 아이들이 그 기나긴 인생을 어떻게 제대로 살아가려나.' 문득 십여 년 전 나의 모습이 떠올라 쓸쓸한 웃음이 나온다.

나 역시 수많은 시행착오를 겪었고, 짧지 않은 시간 동안 아들을 믿지 못해 서로를 힘들게 했다. 다른 방법이 없다고 생각한 순간 단지 아들을 믿어 주었고, 아들은 스스로 깨닫고 노력하여 성장해 갔다. 아들은 대치동을 떠나 그렇게 되었다. 대치동에 남은 나는 더욱 열심히 도서관에 다니며 책을 읽고 강의에 참여하면서 훨씬 강한 사람으로 성장하고 있다. 지금 생각해 보면 아들을 위해서가 아니라 나 자신을 위해 대치동에 왔던 게 아닐까?

4

'좋은 엄마' 콤플렉스

임정현

대치동 입성, 모두가 불안한 '경쟁의 장' 적응기

"특목고 반은 안 되겠습니다!"

"왜죠?"

"선행이 덜 되어 있잖아요."

등록 상담을 하던 학원에서 이런 말을 들었다. 학원 첫 레벨 테스트의 결과는 의외였다. 아들은 항상 학년의 최상위 반에 있었기 때문에 대치동으로 이사를 결정할 때 힘들 거라는 걱정은 별로 없었다. 열심히 하다 보면 다 잘될 거라는 학부모로서의 신념이 있었고 아들 역시 그런 기준에 맞게 별 어려움 없이 잘 자라 주었기 때문이다. 아들에게 꼭 맞는 학원을 찾아 주고 대치동에 빨리 적응시키는 게 최우선 순위였다. 대치동은 학원이 너무 많아 선택하기가 어려웠다. 이곳저곳에서 조언을 구했는데 답은 한결같았다.

"일단 성적을 상위권으로 진입시키세요. 그러면 묻고 다니지 않아도 저절로 함께하는 팀이 생깁니다."

공부를 잘하는 아이들은 심화 수업을 받는다. 이를 위해선 성적이 비슷한 아이들끼리 팀을 짜 학원에 등록한단 걸 알게 됐다. 내아들의 실력이 증명되지 않으면 그런 팀에는 들어갈 수 없었다. 각오를 다졌다. '일단 아들의 성적을 올리자!' 이제 안 되면 되도록 최선을 다할 일만 남아 있었다.

"엄마, 나 국어 시간에 발표는 하지 말아야겠어."

어느 날 학교에서 돌아온 아들이 말했다.

"왜 그런 생각을 했어?"

"잘하지도 못하면서 너무 나서는 것 같아서."

전학 이후 처음 치른 시험. 특히 국어를 좋아했던 아들은 열심히 준비한 만큼 성적이 나오지 않아 실망이 큰 것 같았다. 성적은 노력해서 올리면 되지만 한번 꺾인 자신감과 의욕은 회복이 힘들 것 같았다. 아들도 그렇겠지만 엄마도 대치동이, 입시가 처음이었다. '내가 잘할 수 있을까.' 괜히 마음이 불안해졌다. 그런데 주변을 둘러보니 불안한 건 나뿐만이 아니었다. 이제 고작 마흔을 넘은 여성들이, 엄마란 이름의 불안을 뒤집어쓴 채 대치동의 대로 곳곳을 헤매고 있었다.

학부모 총회가 있었던 날, 담임선생님과의 첫 상담 중에 한 엄마가 울음을 터뜨렸다. 부유한 집안에서 태어나 전교 어린이 회장을 하고 학업 성적도 우수했던 아들이 초등학교 때만큼 돋보이지 못해서라고 했다. 다른 학부모들의 부러운 시선을 한 몸에 받던 그 엄마는 이제 더 이상 주목받지 못하자 견디기 힘들어 보였다. 아들이 이미 많은 걸 갖췄고 공부도 썩 잘하는데, 엄마는 여전히 불안해 보였다. 지방의 대도시에 살던 다른 엄마는 아들을 위해 아빠의 사업체까지 옮기며 대치동으로 이사 왔다고 했다. 지방에서 소문난 영재였는데 나쁜 친구들과 어울리며 물드는 것 같아 좋은 환경에서 교육을 시키려 한다는 것이었다. 그 엄마도 역시 무척이나 힘들어했다. 대치동으로 환경이 바뀌었음에도, '반듯함'에 대한 기준이 확고한 엄마는 자율성 강한 아들과 매번 대립했다. 아들이 즐겁게 학교생활을 하고 있음에도, 그 모습이 자기 기준에 미치지 못할 때면 불안해진다고 했다. 또 다른 엄마는 아들에게 늘 따뜻하고 상냥하게 대한다고 했다. 성적이 떨어질 때도 마찬가지. 성품이 마치 천사 같았다. 하지만 그 엄마도 불안해하기는 마찬가지였다. 아들을 매번 격려해 주던 엄마는 아들이 자꾸 현실과 타협하며 욕심내지 않는 모습을 보자 자신이 너무 나태해서 그런 건 아닌지 스스로를 자책했다.

사정은 달라도 더 좋은 환경에서 자녀를 키워 보겠다는 엄마들의 의지와 노력은 한결같았다. 모두 자식 한번 잘 키워 보겠다는 생각으로 대치동에 발을 디뎠는데, 감당해야 할 책임의 크기가 너무 컸다. 불안감에 잠식되기 전에 제대로 계획을 세워야겠다는 생각이 들었다.

아들의 성적 상승과 엄마의 자신감 상승

갑자기 늦둥이를 임신한 것도 불안을 키운 이유 중 하나였다. 늦은 나이에 하는 출산보다도 아들을 제대로 챙기지 못할 것 같다는 조바심이 컸다. "일단 상위권에 진입시키세요!"라는 말만 머릿속에 맴돌았다. 모든 걸 아이의 상위권 성적에 맞추고 공부 잘하는 아이 엄마들의 조언을 뇌리에 새겼다.

"그 나이 애들이 뭘 알아. 그냥 밟아 버려." 영재라고 불리던 전교 1등 아이의 엄마는 아이의 최상위 성적을 이끈 양육 비결을 이렇게 설명했다. "본문만 보면 안 돼. 시험 범위의 첫 글자부터 마지막 글자까지 책에 나온 모든 것, 아주 잔글씨까지 다 외우게 시켜야 돼." 또 다른 엄마도 아이를 상위권까지 안착시킨 '비기秘器'를 공개했다. 그런 소리를 들은 마당에 자신의 속도에 맞춰 느릿느릿 공부하는 아들의 모습을 보니 복장이 터졌다. 혼자만의 페이스로 성적을 향상시키기엔 주변 엄마들과 아이들의 속도가 너무 빨랐다. 일단 밀어붙이고, 좋은 성적을 받고 나야 아들이 스스로 잘할 수 있는 기준을 세울 수 있을 것 같았다. 2학년 1학기 기말고사를 앞두고 공부에 관한 한 하나부터 열까지 개입하기 시작했다.

"엄마도 힘든 몸으로 이렇게 버티는데, 좋아? 이게 내 공부니,

네 공부지? 한 대 맞기 전에 가서 세수하고 와!""아직도 다 못 외웠어? 멍하니 앉아서 읽기만 하는 게 공부니? 네가 그러니까 성적이 안 오르는 거야. 새벽 2시까지는 여기부터 여기까지 완벽히 외워와. 다 못하면 죽는다!""이번에 1등 한 애 어떻게 공부했는지 얘기못 들었어? 그렇게 안 하니까 성적이 안 나오는 거야. 쪽팔리지도 않니?"

'아이를 궤도에 올리자.' 그 목표를 이루기 위해 상위권 아이 엄마들의 양육법을 지상 과제로 삼았다. 그리고 아이가 따라할 수 있도록 수단과 방법을 가리지 않았다. 급한 마음에 입에선 부정적인 말들이 쏟아져 나오기 시작했다. 욕심에 못 이겨 손찌검을 하기도 했다. 시험 기간엔 아이를 붙들어 놓고 새벽 3~4시까지 교과서를 외우게 했다. 그 과정이 힘들었지만 성적을 위해선 최선을 다할 수밖에 없었다.

"거 봐, 하니까 되잖아. 앞으로도 계속 그렇게만 해!"

출산 전까지 아들의 공부와 수행평가까지 놓치는 것 없이 일일이 신경을 쓰자 노력한 만큼 성적이 향상됐다. 출산 후에도 마찬가지였다. 중2 때 평균 80점대, 전교 200등 내외였던 아들의 성적은 중3이 되자 평균 90점대, 전교 50등 안쪽까지 점진적으로 올랐다. 마치 저평가된 고속 성장주 같았다. 성적이 안정되자 정말로 함께 팀을 짜 학원에 보내자는 엄마들의 제안도 들어오기 시작했다. 어깨가 으쓱해지는 기분이었다. 양육법에 대해 확고한 자신감과 신념이 생기자 학부모 모임에서도 발언에 힘이 실렸다.

중3 체육 실기 평가가 끝났을 때의 일이다. 전교 상위권 학생이 체육 실기 시험에서 미끄러지는 실수를 하자 해당 학부모가 이의를 제기했단 소문이 돌았다. 그리고 학교에서 갑자기 학부모 대표 회의를 소집했다. 건조한 날씨 탓에 실수한 학생들이 있으니 1회로 정해졌던 실기를 2회 실시하겠다는 소리였다. 이미 실기를 끝마친 시점. 절차의 공정성이 심하게 훼손될 수 있는 상황이었지만 아무도 이의 제기를 하지 않았다. 엄마들이 굳이 대치동까지 와서 자식들의 성적을 위해 목을 매는 건 공정한 경쟁의 룰이 지켜진다는 신뢰가 기반 되어 있기 때문이다. 누군가의 목소리에 따라 룰이 뒤바뀔 수 있다면 아이들이, 엄마들이, 내 아들이, 내가 매일같이 흘렸던 땀과 노력이 제대로 평가받지 못할 것이었다.

"실기 평가가 이미 끝난 시점에 갑자기 규정을 바꾸는 건 옳지 않습니다. 시험 절차를 준수하느라 실수에 승복했던 학생들도 생각해야죠. 절차를 바꾸려면 다음 시험부터 적용해야 합니다!"

번쩍 손을 들고 한 단어 한 단어 꾹꾹 눌러 가며 큰 소리로 또렷이 발언했다. 곳곳에서 수군대는 엄마들의 모습이 보였지만, 상관없었다. 그렇게 난 용기를 발휘해 아들의 정당한 권리를 지켜 냈다.

내 아들은 기필코 SKY 보낸다

아들은 그렇게 마지막 시험을 학급 1등으로 마무리하고 가장 많은 상을 받으며 중학교를 졸업했다. 어쩌면 그것은 밤샘까지 하며 아들을 이끌었던 나 자신에 수여된 보상이었는지도 모르겠다. 그러던 중 아들의 고등학교 입학과 동시에 남편이 일언반구도 없이 독단적으로 해외 파견을 결정해 버리는 일이 생겼다. 고등학생 아들과 돌 지난 늦둥이 딸을 오롯이 내게 남겨둔 채, 심지어 투병 생활을 하고 계시던 친정 어머니까지, 정말 너무하단 생각이 들었지만 책임의 무게를 모두 홀로 짊어질 수밖에 없었다.

이제 단 3년. 3년이면 아들은 한국 사회에서 성공의 기준으로 일컬어지는 SKY 당락이 결정될 터였다. '기필코 내 아들 SKY에 보내고 만다.' 나는 다시금 마음을 굳게 다잡았다. '입시는 엄마 하기 나름'이라지 않은가. 계획대로 SKY에 아이를 보내기 위해선 가장 효율적인 방안이 필요했다. SKY는 그냥 열심히만 한다고 가는 게 아니었다. 각 학교에서 필요로 하는 학생상을 기준으로 그에 걸맞은 스토리를 만들어 줘야 했다. 각 학교에서 제시한 평가 기준에 딱 들어맞게 공부를 시켜야 했다. 대책 없이 노력만 한다고 정문 문턱을 넘을 수 있는 게 아니다. 내 아들을 S대생, K대생, Y대생의 소양을 갖춘 어떤 것으로 '찍어 내야' 했다.

소극적인 아들에게 무조건 학급 임원을 하라고 독려했다. 아들의 리더십은 아들이 실제로 리더십이 있는지 없는지 여부와는 상관없다. 대학에서는 생활기록부에 찍혀 있는 '학급 임원 경험'을 기준으로 학생의 리더십 여부를 평가한다. 나 또한 학부모 모임에 적극 참여하며 주도권을 잡고 최신 정보를 놓치지 않기 위해 애썼다. 입시에서 정보 하나하나는 자산과 같았다. 늦둥이 딸을 키우면서도 아들의 학교 급식 지도, 시험 감독, 학부모회, 반 대표 등 할 수 있는 모든 모임에 참여하며 가장 빠르게 정보를 얻었다. 아들이 수업 중에 핸드폰을 보다가 뺏긴 걸 아들이 하교도 하기 전에 먼저 알아낼 정도였다. 아들이 좋아하는 선생님의 방학 특강 프로그램이 개설될 수 있도록 학부모 모임에서 다른 학부모들을 설득하기도 했다. 필요한 정보를 손쉽게 얻어 아들이 SKY에서 요구하는 봉사 점수를 채울 수 있도록 학부모 봉사단 활동에도 힘썼다. 원하는 동아리에 들지 못해 흥미를 잃은 아들에게 "네가 원하는 동아리를 직접 만들면 된다. 담당 선생님을 설득해 보라"고 조언해 주기도 했다. 영화를 좋아했던 아들은 실제로 고2 때 영화부를 새로 만들었고, 성공적으로 가을 축제를 개최하면서 교내상을 받았다. 이 과정 모두가 아들의 SKY 진학을 위한 포트폴리오가 됐다. 다행히 아들은 상위권 성적을 유지하며 무난히 고등학교 생활을 이어 갔다. 하지만 성에 차지 않았다. 내 아들은 최상위권이어야 한다는 욕심이 턱 끝까지 차올라 내 생활엔 여유가 생기지 않았다.

"옆집 애는 이번에 전교 1등 했다더라." "끝나고 바로 오랬더니 뭐 하다 이제 왔니?" "지금 핸드폰이나 보고 있을 때니? 이리 내놔." "성적 올랐다고 좋아할 때니? 수학은 지난번보다 떨어졌잖아!"

잘하고 있는 건 당연했고, 부족한 것만 눈에 띄었다. 조바심이 생겨 칭찬엔 인색해지고 비교와 질책이 늘었다.

목표를 향해 달리느라 놓쳐 버린 순간들

"왜 엎드려서 자? 허리 아프니 똑바로 자."

잠자리에 들기 전 아들 방에 들렀을 때였다. 누워 있던 아들을 흔들자 아들은 "괜찮아요. 아, 아!" 하며 고통스런 소리를 냈다. 무슨 일인가 싶어 이불을 들추니 아들의 반바지 밑으로 시퍼런 멍 자국이 보였다. 숙제를 다 못해 갔다고 학원에서 맞았다고 했다.

"엄마한테 왜 말 안 했어?"

"맞은 것도 억울한데 숙제 안 했다고 엄마한테 또 혼날 것 같아서요!"

그 학원은 엄하기로 소문난 스파르타식 학원이었다. 방학 때면 숙제의 양이 너무 많아 아들은 새벽까지 힘겹게 숙제를 마치곤 했다. '남의 아들을 저렇게 때리다니.' 화도 났지만 아들 앞에선 뭐라 할 수 없었다. 성적이 많이 올라 속상하다고 학원을 그만두게 할 수도 없는 노릇이니. 같은 팀 학부모들과 고민을 나눴지만, 아파서 링거 맞느라 학원 숙제를 못했는데도 체벌당한 일도 있다며 적응할 수밖에 없다는 게 중론이었다. 아들을 독려하며 앞으로는 숙제를 잘 해 가라고 말하는 수밖에 없었다.

그리고 아들의 고3이 시작될 무렵, 충격적인 사건이 발생했다. 가장 중요한 고2 겨울방학 시기에 아들에게 첫사랑이 찾아온 것이다. 다른 집 아이들은 중학교 때 이미 한번씩 겪었다는 첫사랑인데. 늘 내가 먼저 "넌 여자친구 없니?"라고 물어볼 정도로 이성에 무덤덤하다고만 생각한 아들이었다. 선배들의 수능이 끝나고 드디어 자신도 고3이 된다는 긴장감에 겨울방학 내내 쉴 틈 없이 공부에만 전념한 줄 알았던 아들에게 뒤통수를 맞은 기분이었다.

'왜 하필 지금? 이게 말이 돼?'

다 된 계획을 어그러뜨릴 것 같았다. 가만히 내버려 두면 첫사랑의 감정에 빠져 방황하게 될 것 같았다. 아들이 첫사랑과 주고받은 문자 내용을 들여다본 후 연락을 못하게 핸드폰을 뺏었다. "엄마가 그동안 너 때문에 어떻게 살았는데 나한테 이럴 수가 있니!" 앉혀 놓고 강하게 질책하기도 했다. 갑자기 대치동에 와서 고등학생 아들과 늦둥이 딸을 키우며 여유 없이 앞만 보며 달려 온 내 지난 시간들이 머릿속을 스쳤다. 서러웠고, 눈물이 났다. 출처 모를 억울함에 밥도 넘어가지 않았다. 하지만 이미 커진 감정을 막을 길은 없었다. 헤어진다던 아들은 어떻게든 만남을 이어 갔고, 수차례 험한 말다툼이 이어졌다. 혼자 이 궁리 저 궁리 하느라 며칠 동안 아들과 한마디 말도 하지 않았다. 그러던 어느 날 아들이 방 안쪽으로 들어오지도 못하고 방문 앞에 서서 가슴팍을 가리키며 말했다.

"엄마 잘못했어요. 헤어지려고 했는데 여기가 너무 아파요."

그 소리에 마음이 무너졌다. 황순원의 『소나기』 같은 순수하고 애틋한 감정은 그 나이에나 경험할 수 있는 소중한 것일 테다. 그걸 알지만, 응원할 순 없었다. 왜 하필 고3 때냐고, 그것도 첫사랑을. 고민 끝에 나는 아들 여자친구의 엄마를 만났다. 두 아이들이 만난다는 사실을 먼저 알았던 그 아이의 엄마는 내가 빨리 눈치 채길 바랐다고 했다. 얘기를 나눠 보니 나와 같은 고민을 하고 생각도 잘 통하는 엄마였다. 두 아이 모두 성실하게 잘 지내 왔으니 어떻게든 격려하며 고3을 잘 보낼 수 있도록 해 보자고 이야기를 마쳤다. 서로의 엄마를 보고 나면 다른 생각을 못할 것 같아 중간고사가 끝나고는 격려를 가장한 저녁식사를 함께했다. 학원 2개를 같이 다니게 해주겠다, 그때만 만나라, 그 외엔 함께 격려하며 공부만 열심히 해라. 그게 엄마들이 내세운 사랑의 조건이었다. 그렇게 아들과 아들의 여자친구는 고3 내내 엄마들의 감시 속에 감정을 억누르고 공부하느라 힘겨워했다.

아들의 배신, '좋은 엄마'라는 확신에 생긴 균열

"네 실력만으로 간 거라고 생각해? 엄마 덕이지."

아들은 지금은 없어진 1학기 수시로 SKY 중 두 곳에 동시 합격했다. 말은 저렇게 했지만 입시를 한 학기 일찍 끝내 준 아들이 자랑스러웠다. 나 역시 나름 그동안 해 온 노력들을 인정받고 싶었다. 한순간에 난 성공한 엄마가 됐다. 많은 주변 사람들이 이런저런 형용사를 덧붙여 가며 학부모로서의 성과를 칭찬했다. 상담 당시 아들을 무시해 수업 한 번 듣고 등록하지 않았던 학원에선 아들의 이름을 학원 합격자 명단에 넣어도 되는지 물어 왔다. "무슨 소리예요. 절대 넣지 마세요"라고 말할 땐 막혀 있던 속이 다 풀리는 느낌이었다.

수능이 끝나자 입시 결과 하나만으로 아이와 엄마의 지난 시간이 평가됐다. 천사 같이 좋은 엄마는 갑자기 무능한 엄마가 됐고, 외면하고 싶을 만큼 이기적이었던 엄마는 금세 유능한 엄마로 포장됐다. 자녀와 어떤 시간을 함께 겪어 왔는지 여부와는 상관없이 결과만으로 학부모의 자질이 평가됐다. 자책감과 우울감을 떠안은 엄마들이 생겨났다. 하지만 이 순간 난 누구보다도 좋은 엄마였다. 성공 비결을 묻고 조언을 구하는 주변 엄마들에 나만의 성공 방식들을 조언해 주면서 성공한 엄마로서의 여유와 행복을 즐겼다. '좋은 엄마'로 첫 아이 학부모 생활을 마무리했다는 생각에 날아갈 듯 기뻤고, 지나간 힘든 시간들은 모두 의미 있고 보람 있는 시간으로 포장됐다. 명문대 입학까지 힘겹게 아들을 이끌어 줬으니, 이제 아들은 내가 원하는 방향대로 모범적이고 안정된 삶을 살아갈 줄만 알았다.

"이제 더 이상 고등학생 아니에요. 신경 쓰지 마세요. 내가 알아서 살게요."

대학 입학식 때 학교에선 전공별 진로 영역과 대학에서 할 수 있는 다양한 활동, 학부모 동아리에 대한 소개를 해 줬다. 무심코 아들에게 "학부모 동아리에 들어가면 너한테 필요한 정보를 얻을 수 있겠다"고 말을 꺼내자 아들은 "내 대학 생활인데 엄마가 왜 동아리에 들어가느냐"며 발끈했다. 순하기만 했던 아들의 반응에 민망했다. 배신감도 느꼈다. 대입 전까지 얻었던 확신대로 대학 이후 아들의 삶도 부모로서 잘 이끌어 주고 싶었다. 학부모 모임에 나가 진로에 도움이 되는 다양한 활동들에 대한 정보를 공유하면, 아들이 좀 더 발전적인 대학 생활을 하고 안정적인 직장을 갖는 데 도움이 될 것 같았다. 하지만 아들의 대답은 '노 땡큐'였다.

거기서 끝나지 않았다. 아들은 계속해서 내 생각과는 다른 방향으로 살기 시작했다. 1학년 1학기 때 낮은 학점을 받아 꾸중했더니, "대학만 가면 마음껏 놀아도 된다면서요"라고 대꾸했다. 담배는 절대 피면 안 된다고 어렸을 적부터 귀에 못이 박히도록 읊었는데, 친구들과 어울리며 담배를 피우기 시작했다. 군 시절엔 엄마한테 일언반구도 없이 위험한 시기에 PKO 파병까지 갔다.

"절대 못 가. 어떻게 엄마한테 말도 없이 그런 선택을 하니!"

"너무 가고 싶은데 왜 못 가게 하세요. 다른 집 애들은 파병 간다고 하면 부모님이 모두 자랑스러워한다던데 엄마는……."

아들은 엄마가 이끌어 주지 않은 다양한 경험을 스스로 선택했다. 그리고 그 과정에서 수많은 시행착오를 겪었다. 기자가 되고 싶다며 학보사에 들어가더니 갑자기 총학생회 활동을 했고, 외무고시, 행정고시, 언론고시까지 힘든 길만 선택했다. 조언을 건네거나 도움의 손길을 내밀면 '간섭'이라며 싫어했다. 심지어 고시 공부를 위해 고시촌에 방을 잡은 이후부터 지금까지 쭉 혼자 살고 있다.

"조장하면 무익할 뿐 아니라 해를 끼치게 된다"

"내가 널 어떻게 키웠는데, 어떻게 그렇게 말할 수가 있니!"

대학생이 된 아들과 대화를 하면 이런 말이 자주 튀어나왔다. 명문대까지 보낸 그간의 내 노력이 아들의 말 몇 마디에 평가절하당하는 것 같아 억울했다. 눈물이 나올 지경이었다. 아이를 낳고 하던 일을 포기한 나에겐 가족이 전부였다. 아들이, 딸이, 남편이 잘 살수 있게 하는 데 모든 노력을 기울였다. 그런데 내 젊은 시절을 모두 '갈아 넣은' 양육 과정을, 아들은 부정했다. 아들은 내가 '보람찬 학부모 생활'이었다고 결론지은 자신의 학창 시절에 대해 완전히 다른 이야기를 했다.

특히 전학 후에는 이전에 스스로 하던 일들이 강압적으로 바뀌어서 너무 힘들었다고 했다. 제대로 적응도 못한 상태인데 학원에 선 기존 학생들과 동일한 잣대로 평가해 자신이 나태하고 불성실한 학생으로 낙인 찍혔던 것이다. 시험을 못 보거나 숙제를 못 해 가면 시퍼렇게 멍이 들도록 선생님께 맞았는데, 그렇게 맞는 것보다 엄마의 평가가 더 견디기 힘들었다고 했다. 학원에서는 시험을 잘 볼때까지 아이를 집에 보내지 않았는데, 그런 경우 학원에서 학부모들에게 연락을 해 준다. 안 그래도 피멍이 들게 맞고 집에 가는데, 집에서도 엄마가 "왜 숙제를 제대로 안 해 갔느냐"고 혼을 내니 귀갓길이 너무도 불안했던 것이다. 아들의 중학교 2학년 시절은 내가 특히 아들을 심하게 몰아세운 시기였다. 내 마음에도 그 시간들은 괴로운 기억으로 남아 있다. 그래서 가끔 "그땐 엄마가 너무 심했지?"라고 물어보면 아들은 이렇게 대답했다. "우리 엄마가 정상이 아니구나 싶었지. 난 자식 낳으면 엄마처럼 안 키울 거야."

내 불안감이 과한 신념을 만들어 아들을 너무 힘들게 한 걸까? 하는 미안함도 들었다. 하지만 '그렇게 버텨 낸 시간이 있었으니 대치동에서 살아남은 것'이란 생각이 더 강하게 들었다. 내가 그렇게 몰아붙이지 않았으면 아들이 명문대에 진학할 수 있었을까. 모질게 말하는 아들이 너무 미웠다.

학창 시절에 대한 서로의 간극을 메우기 위해 아들과 대화를 많이 했다. 아들은 대학에 진학하고 나서 엄마가 만들어 준 어떤 '틀' 속에서 순탄하게만 살았던 자신이 나약하게 느껴졌다고 했다. 결과에 대한 완벽주의적인 강박 탓에 조금만 실수해도 위축되는 자기 자신이 싫었다고 했다. 심지어 자신이 무엇을 좋아하는지, 뭘 해야 하는지에 대해서도 정확히 알지 못하고, 무언가 사소한 결정을 내리는 것도 힘들었다고 했다. 그러다 보니 자존감이 낮아져 대인 관계에도 어려움이 생겼고, 심한 무기력증에 빠졌다고 했다. 그런 상황을 극복하기 위해 아들은 심리학 수업을 듣고 학교에서 심리 상담까지 받는 등 자신이 어떤 사람인지 알기 위해 많은 노력을 했다고 한다. 그리고 확신 없는 결정과 선택을 혼자 수행해 보며 수차례 시행착오를 겪었다고 했다. 그렇게 자기 자신에 대해 알아 가기 시작했다고.

내가 '좋은 엄마'였다고 자부했던 시간들이 아들을 힘들게 했다니, 나 역시 힘든 시간을 참으며 견뎌 왔는데, 그러면 나는 도대체 뭘 한 걸까?' 대치동에 발 디딘 당시의 나는 겉으론 자신감 넘쳤지만, 사실 많이 불안했다는 걸 알랭 드 보통의 『불안』을 읽으며 알게 됐다.

발전한 사회는 역사적으로 볼 때 우리를 더 부유하게 해 준 것처럼 보인다. 그러나 결과를 놓고 볼 때 우리를 더 궁핍하게 만든 것인지도 모른다. 무제한의 기대를 갖게 해 우리가 원하는 것과 얻을 수 있는 것, 우리의 현재 모습과 달라졌을 수도 있는 모습 사이에 늘 간격이 유지되기 때문이다. 이런 사회에서 우리는 원시의 야만인보다 더 심한 궁핍을 느낄 수도 있다. (『불안』 알랭 드 보통)

대치동엔, 아니, 한국 사회엔 신자유주의 세계화 이후 '빈익빈 부익부' 식의 자본주의적 원칙들이 범람하게 됐다. 한정된 자원을 두고 치열한 경쟁을 벌이는 개개인들이 승자로 살아남기 위해선 결국 능력을 증명할 수단이 있어야 한다. 성적과 학벌은 그 수단 중 가장 기초적인 것이었다. 아들에게 최선의 무기를 쥐어 주고 싶었다. 그리고 내 아들은 할 수 있을 거란 큰 기대감을 가졌다. 하지만 아들의 성적이 기대만큼 성에 차지 않을 때가 많았고, 항상 존재하는 그 간격 탓에 나는 항상 불만족스러웠고, 불안했다. 그래서 아들에게 자주 대치동과 한국 사회에, 그리고 내 마음 속에 형성된 '성공의 기준'을 들이대며 그에 맞추라고 압박했다. 나 자신을 살피지 않고 외적 기준에만 맞추다 궁핍해진 나 자신이, 아들까지 궁핍의 길로 인도한 것이다.

맹자 『공손추』에는 조장助長에 관한 송나라 고사가 나온다. 조장이란 때를 기다리지 못하고 바람직하지 않은 일을 더 심해지도록 부추기는 것을 뜻한다. 수많은 제자를 거느린 공자는 자식을 '조장' 하게 될까 봐 외아들 '백어'만은 직접 가르치지 않았다고 한다. "천하에 곡식이 자라나는 걸 조장하지 않는 사람은 적다. 조장하면 무익할 뿐 아니라 또 해를 끼치게 된다." 맹자에 나온 말이다.

두 주먹 불끈 쥐고 좋은 엄마가 되기 위해 버텨 냈던 시간들이 모두 내 아들을 '조장'한 시간일 수도 있단 생각이 들었다. 곁에서 지켜보며 어떻게 하고 싶은지, 필요한 게 뭔지, 어떻게 돕는 게 좋은지 아들의 생각을 먼저 물어봐 줄 수도 있었는데. 불안한 마음에 절대 잃지 말아야 하는 것들을 간과했던 것이다.

나를 깨우치는 시간 그리고 도서관에서 만난 사람들

고민이 깊어졌을 때 대치도서관 인문독서클럽을 만났다. 우연히 들어간 그곳엔 오랜 시간 책을 읽어 오신 분들이 많이 있었다. 첫날부터 충격이었다. 함께 읽는 책의 수준이나 토론의 강도가 일반적인 수준을 넘어섰다. 자신이 없어 그만두려고 할 때 관장님께서 이렇게 조언해 주셨다. "발만 빼지 말고 버티세요. 여기 계신 분들도 처음엔 다 그랬어요. 시간이 지나면 괜찮아져요!" 그 말만 믿고 버텨 보기로 작정하고는 어려워도 책만은 꼭 읽고 참여하겠다고 다짐했다. 그리고 철학책을 읽으며 내 고민의 이유를 찾기 위해 노력했다.

직관은 때로 놀라운 통찰력을 가능하게 하지만, 늘 주관화의 오류에 노출되어 있다. 예컨대 우리의 직관적 판단들은 지나친 자기 과신이나 보고 싶은 것만 보려는 안일함 탓에 패착을 저지르곤 한다. 따라서 자기 자신조차도 잘 알 수 없다는 겸허함만이 위험한 자기기만으로부터 스스로를 구원해 준다. (『논어 감각』 윤채근)

마치 내게 하는 질책 같았다. 나는 내가 하는 모든 노력이 자식에게 도움이 될 거라 생각했다. 그리고 아들이 그 모든 게 엄마의 사랑이란 걸 알아줄 거라는 환상을 가졌다. 환상이 깨지는 순간, 그 모든 게 내 '주관화의 오류'였단 걸 직시하게 됐다. 도서관에서 논어 강의를 듣던 중 '문질빈빈文質彬彬'이라는 공자님 말씀에 눈길이 갔다. 내면의 됨됨이와 외적인 아름다움이 균형 있게 조화를 이뤄야 군자라 할 수 있는데, 특히 바탕을 잘 닦는 게 중요하다는 말씀이었다. 생각해 보면 나 역시 예전에는 아들이 늘 바른 사람으로 자라기만을 바랐다. 문제없이 잘 자라 주는 온화한 성품을 가진 것만으로도 아들이 기특했다. 그런데 어느 순간부터 바탕을 살피는 법을 잊었다. 단순히 결과로만 판단해 버리는 오류에 빠져 버린 것이다.

칼 세이건의 『코스모스』를 만난 것도 나에겐 큰 행운이었다. 우주가 밟아 온 진화의 과정이 물질과 에너지의 멋진 상호 변환이었다면 나 역시 함께 책을 읽고 토론하는 분들과 멋진 상호 변환을 통해 오류를 시정해 나가고 있다.

> 운석은 머나먼 세계에서 온 소행성의 한 조각인 것이다. (……) 원래 행성으로 성장하려던 것들이 이웃의 거대 행성인 목성의 인력 때문에 서로 밀고 당기는 통에 더 결합하지 못하고 그냥 작은 돌덩이들로 남아 있는 곳이 바로 소행성대이다. 어쩌면 현재 이 공간을 차지하고 있는 소행성들은 원래는 하나의 의젓한 행성이었을 수도 있다. (『코스모스』 칼 세이건)

우주의 질서가 유지되는 건 각 행성들이 자신의 중력을 가지고 적당한 거리에서 규칙적으로 운동하기 때문이다. 사람들도 저마다 다른 중력을 가지고 있다. 중력이 큰 사람도, 작은 사람도 있다. 자신이 가지고 있는 중력의 크기를 모르면 다른 사람의 중력에 이끌리기도, 서로 부딪쳐 부서지기도 한다. 내 중력을 잘못 사용하면 힘없는 물체에 위해를 가하게 될 수도 있다. 나는 자식이 원하는 삶의 방향이 내 신념과 같을 거라고 생각하고 엄마라는 자리를 과대 포장해 버렸다. 그 사이에서 부모와 자식 간에 유지돼야 할 정과 믿음은 뒤로 밀려났다. 내가 품어서 키웠다고 자식을 끌어당기기만 하니, 아들은 행성이나 항성으로 자라지도, 자신의 중력이나 궤도를 갖지도 못하고 부서졌다. 그리고 다시 중력과 궤도를 갖게 될 때까지 많은 시간을 보내야 했다. 뒤로 밀려난 부모 자식 간의 정과 믿음도, 다시 본래의 위치로 돌려놓기란 여간 힘든 게 아니었다.

> 우리 가슴과 가슴 깊숙한 곳에는 지구가 우주의 중심이며 초점이며 지렛대의 받침목이기를 바라는 아쉬움이 아직 숨어 있다. 하지만 우리가 정녕 코스모스와 겨루고자 한다면 먼저 겨룸의 상대인 코스모스를 이해해야 한다. (……) 자신의 위상과 위치에 대한 올바른 이해가 주변을 개선할 수 있는 필수 전제이기 때문이다. (『코스모스』칼 세이건)

코스모스는 내가 살아온 세상에 머물러 있는 나를 지속적으로 자각하게 해 준다. 오늘날 과학의 수학적 논증에 가장 큰 영향력을 끼친 피타고라스는 상충하는 관점들의 자유로운 대결을 허락하지 않았다. 이러한 경직성 때문에 피타고라스학파는 자신들의 오류를 고쳐 나갈 수 없었다고 한다. 나 역시 경직된 사고와 권위에 지배되어 내가 가진 오류를 깨달을 수 없었다. 나는 나를 기준으로 한 세상에서 내 아이를 안전하게 키우고자 했지만 내 아이가 살아가고 있는 세상, 살고 싶은 세상에 대해 이해하지 못했다. 지금도 나는 동아리에서 조금씩 다른 시대를 살아온 분들과 함께 책을 읽으며 세상을 이해하는 다양한 시각과 경험을 접하고 있다. 그리고 우리가 얼마나 편협한 세상을 살아왔는지 시대가 얼마나 빠르게 변화하는지 매번 공감하게 된다.

'좋은 엄마' 콤플렉스

'좋은 엄마'가 돼야 한다는 굴레는 누가 씌운 것일까? 아이의 성적표가 엄마의 성적표가 돼 버리는 게 우리 사회의 자화상이다. 왜 엄마들은 자식 교육에 몰두하고 결과에 따라 자책감을 가져야 하는 걸까?

어느 날 아들이 여동생과 나눈 이야기를 들려주었다. 아들은 늦둥이 여동생에게 "나중에 크면 뭐가 되고 싶어?"라고 물었다. 동생이 "국제변호사"라고 답하자, 아들은 "그럼 밥은 누가 해? 청소는 누가 해? 자식 낳으면 누가 키워?"라고 다시 물었다. 동생이 "내가 해야지"라고 다시 답하자, 아들은 "일도 하고 밥도 하고 청소도 하고 애도 키울 거야? 그렇게 할 수 있어?"라고 되물었다. 그러자 딸아이는 꿀 먹은 벙어리처럼 아무런 말도 하지 못했다고 한다.

학교에서 페미니즘을 공부했다는 아들은 그 뒤에도 자주 불편한 이야기들을 꺼냈다. 다른 어느 날엔 뜬금없이 사귀던 여자친구와 나누던 이야기라며, 『며느라기』라는 책을 들이밀며 말했다.

"명절 때 보면 사실 남자 집 차례 지내는 건데 일은 다 여자가 하잖아요. 우리 집만 봐도 명절 땐 아빠 집부터 가고, 엄마가 일 다 하고. 과거엔 남자가 바깥일을 다 하고 여자가 집안일을 다 해서 그렇게 됐는지 모르겠지만, 우리 세대엔 맞벌이가 필수잖아요. 그런데 명절 때 남자 집부터 꼭 가는 게 맞을까요? 설날은 남자 집, 추석은 여자 집, 이렇게 번갈아 가는 것에 대해 어떻게 생각해요?"

갱년기에 딸 시험 기간까지 겹쳐 신경이 예민한데 이런 얘기를 하는 아들이 못마땅했다. 그래서 그땐 "너는 엄마를 완전히 개념 없는 엄마라고 생각하니? 그리고 엄마 상황 안 보여? 지금 그런 말 할 때야?"라고 쏘아붙였다. 하지만 조금 여유가 생긴 뒤 페미니즘에 관한 책을 읽기 시작하면서, 아들이 툭 던진 말들에 느끼는 바가 많았다. 난 막연히 '한 여자 편하자고 다른 여자가 고생해선 안 된다'는 생각을 해 왔다. 그런데 이제 내가 느껴 온 문제를 여자의 관점이 아닌 사회 구조를 통해 바라보게 됐다. 남성을 디폴트값으로 정해 놓은 사회에서는 여성에 대한 데이터 공백이 생긴다. 그리고 여성들의 문제는 쉽게 배제된다. 『보이지 않는 여자들』이라는 책에 이런 구절이 나온다.

우리는 여자들이 하는 무급 노동이, 여자 개인이 자신의 개인적 이익을 위해 자기 가족을 개인적으로 돌보는 것이라고 생각하고 싶어 한다. 그러나 실상은 그렇지 않다. 사회는 여자들의 무급 노동에 의존할 뿐 아니라 그로 인한 혜택을 입는다. 우리 모두가 낸 세금으로 운영하는 공공서비스 예산을 정부가 삭감한다고 해서 그 서비스의 수요가 갑자기 사라지지 않는다. 단지 여자들에게 노동이 떠넘겨질 뿐이다. (『보이지 않는 여자들』 캐럴라인 크리아도 페레스)

사실 그동안의 삶 속에서 옳다고 확신하고 했던 일 중 지금 생각해 보면 '그때는 왜 그랬지?' 싶을 만큼 어이없는 일들이 종종 있다. 50대인 내가 자라 온 시대에 여성으로 산다는 게 그랬다. '여자는 이래야 해'라는 사회적인 구속들이 너무도 많았다. 여성은 좋은 딸이자 엄마이자 아내여야 했다. 가족 내에서 형성되는 역할들에 온갖 잣대와 기준들이 덧붙여지면서, 여성은 가부장적인 구조 속으로 침잠되었다. 그러한 구조 속에서 여성이라는 한 개인은 상실됐다. 사실 나는 가족 구성원들에 대한 무형의 책임감을 가지고 살았다. 열심히 공부해서 들어간 직장은 아이를 낳고 관둬야 했다. 결혼이라는 사회 제도는 '며느리'라는 또 다른 막중한 책임감을 어깨에지웠다. '좋은 엄마 등등'이 되려면 이것도, 저것도 해야 한다는 책임감이 너무 무거워 나를 생각할 틈도 없었다.

부모라는 면허증은 출산과 더불어 주어진다. 경험도 연습도 없는 초보 면허로 자녀의 양육이 시작된다. 사회적 지위와 학식, 경제적 수준과 상관없이 속수무책인 상황과 맞닥뜨리게 되면, 부모로서의 무능함이 몰려온다. 그러고는 내 아이가 어디로 가고 있는지, 어디쯤에 있는지 살필 새도 없이 뭐든 열심히만 하면 잘 될 줄 알고앞으로 내달리기만 한다. 그렇게 '좋은 엄마 콤플렉스'는 나 자신의정체성을 점차 옅어지게 했다. '엄마', '아내', '누나', '장녀', '며느리'란 정체성들은 굳혀졌지만, 내 이름 석자는 잊혔다.

류시화 시인의 시집 제목처럼 '지금 알고 있는 걸 그때도 알았더라면' 우리 삶의 모습은 지금과는 많이 달라졌을 것이다. 그렇기에 불확실한 것들에 대해 성급하게 잣대를 드리우지 말자는 생각을하게 됐다. 사회에서 부여한 각종 잣대를 내 삶에서 거둬들이고, 그잣대들을 통해 갖게 된 헛된 세속적 욕망도 덜어 내어, 그 빈자리에평정심을 채워 나가고 싶다. 외부 잣대에 충실한 사람 말고, 나 자체로 좋은 사람이 되고 싶다.

달라진 엄마의 시선, 달라진 딸의 세상

늦둥이 딸이 초등학교 1학년 때 오페라 티켓을 선물 받았다. 어린 딸과 함께 3시간 가까이 되는 공연을 보는 건 무리일 것 같아 포기할까 싶었지만, 너무 좋은 공연이라 고민 끝에 도전했다. 의외였다. 딸은 화려한 무대와 음악, 오페라 가수들의 동작 하나하나에 시선이 꽂혀 하품 한번 하지 않고 집중했다. 그 모습이 신기해서 자꾸 딸에게 시선이 갔다. 공연이 끝나고는 CD를 사 와서 잠자기 전에 틀어 주기도 했다. 딸은 그 음악이 나왔던 오페라의 장면까지 기억해 냈다. 시도하지 않았으면 몰랐을 일이다. 내가 아는 것들만으로 자식을 평가한다는 게 얼마나 무모한 일인지를 또 한번 느꼈다. 그때부터 딸과 자주 예술의 전당을 찾았다. 딸이 좋아하는 모습을 보면 나까지 행복해 매번 줄을 서서 출연진의 사인까지 받았다. 그렇게 우리는 '행복한 기억'을 공유했다. 이 시간들을 딸이 오래 기억해 주길 바랐다.

딸에 대한 교육은 대개 그렇게 접근했던 것 같다. 딸에겐 악기를 가르치다가도 싫어 하면 바로 그만두고 다른 악기를 접하게 했다. 가야금을 배우게 됐을 때도 마찬가지였다. 한복을 입고 공연장에 선 모습이 너무 예뻐서 전공 반에 들어가면 어떻겠느냐고 딸에게 물었다. 딸은 배우는 건 좋지만 전공까지는 아니라고, 똑 부러지게 대답했다. 그 말에 바로 마음을 접었다.

아들이 피아노를 배울 때는 한번 시작하면 끝을 봐야 하는 줄 알았다. 오랜 시간 공을 들였는데도 중학교에 올라가자 건반에 지문 한번 묻히지 않는 아들의 모습을 보며 '즐기기를 바란다면 절대 강요해서는 안 된다'는 걸 깨달았기에, 딸을 가르칠 땐 시행착오를 줄일 수 있었다. 그렇게 스스로 선택하게 하니 딸은 즐거운 마음으로 가야금을 배웠다. 중학교에 가서도 학교 동아리로 가야금부를 선택했을 정도다. 어린 시절의 행복했던 기억이 평생의 자산이 된다는 어느 교육학자의 강연을 들으며 연신 고개가 끄덕여졌다.

아들 때와 마찬가지로 딸 역시 중학교 진학 직전 겨울방학에 평촌에서 대치동으로 전학을 했다. 수학 학원 레벨 테스트를 본 딸은, 역시나 진도가 안 맞아 어떤 곳도 들어갈 수 없었다. 딸은 초등학교 때부터 주입식 학습을 유독 싫어했다. 초등학교 고학년 때 수학학원에 상담을 갔다가 기계적으로 문제만 풀고 있는 강의실 안을 들여다 본 딸의 표정에는 싫은 내색이 역력했다. 선행학원을 포기하고 집에서만 공부했으니 선행이 하나도 안 된 채로 중1 진도부터 시작할 수밖에 없었다.

"엄마, 나랑 같은 학년인데 다른 애들은 어려운 문제를 풀어. 나는 봐도 뭐가 뭔지 하나도 모르겠는데." 대치동에 온 딸은 자기보다 훨씬 어려운 수학 문제집을 척척 푸는 친구들을 보고 당황했다. 큰 학원에 대한 욕심은 버리고 각자의 진도에 맞게 꼼꼼히 공부시키는 작은 학원을 보냈는데도 대치동은 대치동이었다. 딸은 다른 친구들과의 차이를 금세 느꼈다.

"괜찮아 이제부터 해도 충분해. 그 친구들은 진도를 빨리 나간 대신 잊어버린 걸 반복해야 돼. 대신 넌 반복하지 않게 지금부터 제대로만 하면 중3 때쯤엔 같은 걸 배우게 될 거야. 엄마 말을 믿어봐!" 그렇게 지치지 않도록 격려했다. 적응이 되지 않으면 학원의 숫자를 늘리지도 않았다. 혼자 할 수 있는 건 학원을 보내지 않고 혼자 해 보도록 했다.

성급하게 욕심 부리지 않고 역량에 맞게 공부하니 학교 성적은 잘 나왔다. 그리고 딸은 기죽지 않고 차근차근 자신의 진도대로 공부를 해 나갔다. 싫어하는 걸 억지로 시키는 게 장점보다 단점이 많다는 걸 알고 난 후에는 '지금부터 해도 충분해'란 믿음이 생기게 됐다. 그리고 한걸음 떨어져 내 아이의 성향을 살펴볼 수 있게 됐다.

학생부, 물음표가 만든 느낌표

하루는 도서관에 갔다가 강남 북 페스티벌 '청소년 인문독서논술 공모전' 포스터를 보았다. 공모한 지원자들을 대상으로 토론회까지 진행하는 프로그램이 맘에 들어 딸에게 권유했다. 논술이 뭔지도 모르는 딸이었지만 호기심이 생겼는지 "수상은 기대하지 말라"는 말로 참가의 뜻을 내비쳤다. 주제 도서는 『동물 농장』이었다. 책을 열심히 읽은 딸은 '논술'이 아니고 '독후감'을 써 냈다. 귀엽기도 하고 저렇게 내도 되나 싶기도 했지만, 어찌 됐든 딸은 그 도전을 통해 자신의 생각을 정리해 완성된 글을 제출하는 경험을 했다. 또 덕분에 가족끼리의 대화 소재가 생겼고 딸의 생각도 들을 수 있었다. "엄마, 어떻게 해? 이거 진짜 얘들이 쓴 거 맞아? 내가 쓴 건 뺐으면 좋겠는데 왜 책자로 만들어진다고 말 안했어?"

공모전 작품들이 책자로 실려 북 페스티벌에서 배부되는 줄은 나도 몰랐다. 딸은 책에 실린 다른 친구들과 자신의 글이 너무 비교된다며 창피해했다. 그 마음이 이해됐다.

"엄마도 몰랐어. 해마다 한다니 내년엔 제대로 한번 해 봐!"

딸은 정말로 해마다 참가했고 참가할 때마다 한 단계씩 업그레이드된 상을 수상했다. 마지막에 참가한 공모전에서는 최고상인 강남구청장상까지 받았다.

"엄마, 나 처음엔 논술이 뭔지도 모르고 썼었는데!" 첫 공모전이 생각났는지 딸이 씩 웃었다. 이렇게 딸은 학원보다는 다른 활동을 통해 자신감을 얻었고, 더 많이 성장했다.

14년 터울을 두고 아들과 딸을 키우기란 여간 어려운 게 아니었다. 아들을 키우며 알게 된 정보는 딸을 키우는 데엔 별 도움이 되지 않았다. 딸이 중학교에 들어가니 '학생부 종합전형'이란 단어가 너무 많이 들렸다. 아들 땐 없었던 거라 어떤 의도에서 만들어진 건지 궁금했다. 매번 뭐가 뭔지 몰라 헤매기도, 학원 설명에만 휘둘리기도 싫었다. 때마침 서울시에 공고가 난 '학습이력관리 멘토' 과정에 대해 알게 되었다. 청소년들이 자신의 학생부를 들여다보며 진로에 맞는 활동들을 선택하고 실천해 나갈 수 있도록 교육을 받은 뒤 멘토가 되어 주는 프로그램이었다. 청소년들이 각자의 꿈을 살려 한 가지 잣대가 아닌 다양한 재능과 경험을 평가받아 진로를 선택할 수 있도록 하자는 취지는 좋아 보였지만, 학생이 아닌 학부모들이 진로에 맞게 활동들을 선별해 아이들에게 '떠먹여 주는' 현실을 고려할 때 실효성이 있을지 의문이 들었다.

하지만 멘토가 되기로 용기를 냈다. 교육을 이수한 뒤 실제로 딸의 자율동아리 친구들을 모아 멘토링을 진행했다. 학생부 한 항목,

한 항목에 뭐가 기재되는지 살폈다. 각자 꿈이 무엇이고 자신의 학생부엔 무엇이 기재되면 좋을지도 이야기 나눠 보고 함께 궁리했다. 모두의 꿈이 이뤄진 훗날의 모습을 함께 상상할 때, 아이들은 환한 표정으로 웃었다. 멘토링 과정에서 동아리 학부모들끼리 다양한 소통을 할 수 있었던 것도 좋은 점이었다. '아이들이 원하는 진로를 지원해 줘야 한다'는 공감대가 형성돼 서로를 의지하게 됐다.

한번은 아이들이 「택시 운전사」라는 영화를 함께 본 후 토론했다는 걸 알게 됐다. 한 학부모가 『얼굴』이라는 책도 함께 읽어 보면 좋겠다고 추천했다. 『얼굴』은 5·18 광주 민주화운동의 가해자였던 한 공수부대원의 시선에서 쓴 소설이다. 딸은 이 소설을 읽고 이런 악몽 같은 역사적 사건은 단순히 가해자, 피해자라는 이중 잣대로 평가해서는 안 된다는 걸 알게 됐다고 했다. 영화와 소설을 통해 이 역사적인 비극을 여러 각도로 살펴보고, 그 당시의 정치체제에 대한 비판과 책임 소재, 해결해야 할 과제 등에 관해 열띤 토론이 이어졌다는 딸의 이야기를 들으며 흐뭇했다. 책을 추천해 준 학부모가 고마웠다. 이렇게 아이들의 생각에 관심을 갖고 작은 물음표를 던져 주는 것만으로도 아이들은 자발적으로 탐구하며 성장해 나갔다.

아이들의 관심 분야로 시선을 돌리자 단순히 성적보다 자녀의 꿈을 지원하기 위해 고민하는 학부모들이 눈에 띄기 시작했다. 공부만으로도 충분한 실력인데 음악을 하고 싶다는 아들을 데리고 음악 전문가를 찾아 상담을 주선해 주는 엄마, 작가가 되고 싶다는 딸의 꿈을 위해 자신의 욕심을 누르고 글쓰기 수업을 받도록 돕는 엄마, 독립심이 강한 아이에게 학원에 매이지 않고 여행을 갈 수 있게 하고 읽고 싶은 책을 맘껏 읽게 해 주는 엄마, 만약 엄마가 뭔가를 강요하더라도 싫으면 싸워서라도 네 뜻대로 해야 된다고 말해 주는 엄마. 생각을 바꾸자 보이는 것도 달라졌다. 모두가 똑같은 세상에서 살아가는 게 아니라 '자신이 생각하는 세상'에서 살아간다는 걸 알게 됐다. 아이들에게도 주도적으로 생각을 펼치며 살아나갈 자기만의 세상이 필요하다는 걸 알게 됐다.

대학 입시에서 멘토링 했던 딸의 자율동아리 친구들은 단 한 명도 재수를 선택하지 않았다. 동아리 학부모들은 70% 가까이 재수를 선택한다는 대치동 분위기에서 참 신기한 일이라고 말했다. 아이들은 관심 분야에 따라 주도적인 활동들을 해 왔고 자신의 진로를 스스로 찾아 나갔다. 그리고 학부모들이 외부의 정보보다는 아이들이 '원하는' 진로를 선택할 수 있도록 함께 고민했던 결과가 아닌가 싶다. 스스로 학생부를 들여다보고, 자신이 원하는 활동을 활발히 펼쳐 나갈 때 비로소 자신만의 진로가 보이고 아이의 모습이 온전히 학생부에 담긴다. 입시에서 학생부 종합전형을 택하진 않더라도 자신의 성향이 잘 드러난 학생부는 진로를 정하는 기준이 된다. 학부모가 만들어 내는 학생부에는 이러한 것들을 제대로 담을 수 없다. 그러나 대치동의 학원가에는 잘나가는 학과에 가려면 어떤 활동을 해야 하는지, 미리 준비하지 않으면 어떤 불이익을 당하는지를 장황하게 설명하며 학부모의 불안을 증폭시키는 설명회가 자주 열린다. 오로지 잘나가는 학과에만 맞춰 부자연스런 학생부를 만들기 위한 학생부 멘토링, 자소서 특강이 고액으로 개설된다. 불안한 학부모들은 여기에 길게 줄을 선다.

네가 선택해야 후회가 없지

중3이 된 딸은 사춘기가 심해졌다. 그리고 그때 마침 나는 갱년기의 최절정기에 진입했다. 감당하기 힘든 갱년기 증세에 딸까지 힘들게 하니 만사가 귀찮았다. '이제 그만하고 싶다'는 생각이 자꾸만 머릿속을 맴돌았다. 그 와중에 딸의 성적이 갑자기 떨어졌다. 계획했던 특목고에 원서도 내지 못했다. 그런 딸이 미워 자꾸만 부딪치게 되자 이건 아니라는 생각이 번쩍 들었다. 조금은 떨어져 생각을 정리하고 싶어 미국의 친구 집으로 여행을 떠났다. 나 없이 식구들이 고생할까 봐 여행을 망설였지만 우려하던 일은 없었다. 내가 없으니 모든 걸 엄마한테 의지했던 딸은 아침에 깨우지 않아도 잘 일어났고, 일정도 빠뜨리지 않고 스스로 잘 챙겼다. 또 내가 없으니 남편과 아들이 딸에게 더 신경을 썼다. '이렇게 해도 되는데 나는 왜 내 시간을 가질 생각을 못했지? 나는 왜 사서 걱정을 했을까?' 멀리 떨어져 있으니 생각이 객관화되고 학부모로서의 중심을 다시 세울 수 있었다.

고등학교 배정 지원서를 쓸 때였다. 대치동 주변의 학교는 어디라도 수월한 곳이 없으니 딸에게 가고 싶은 학교를 정하라고 했다. 내가 발을 빼자 딸은 선배들에게, 선생님께, 학원에 문의하고 비교하느라 힘들어 보였다. 딸은 스스로 중요한 결정을 하고 책임진다는 게 얼마나 부담스러운 일인지를, 그래도 자신이 결정해야만 후회가 없다는 사실을 그 힘든 과정 속에서 확실히 느낀 것 같았다. 그리고 결국 스스로 가장 원하는 선택을 했다. 그 모습을 보며 나는 다짐했다. '이제부터는 응원만 하자. 원하지 않는 걸 절대로 강요하지 말자. 대신 딸이 도움을 청하면 최선을 다해 돕자!'

고등학생이 된 뒤에도 딸은 지필평가보다는 수행평가에 더 의미를 두었다. 학교의 각종 행사, 대회에 나가느라 분주했다. 달달 외워야 하는 시험공부보다 자신의 아이디어로 문제를 해결하는 걸 좋아했다. 성적 관리를 생각하면 걱정도 됐지만 딸의 성향을 성적과 바꾸기엔 아깝다는 생각도 들었다.

공부를 강요하지 않으니 딸은 마음껏 하고 싶은 걸 했다. 활동의 성과도 좋았다. 여러 활동 경험을 바탕으로 효율적으로 팀을 꾸릴 줄도 알게 되었다. 한번은 주제 탐구를 위해 멀리 동탄의 국제고에서 열리는 박람회에 가고 싶다고 했다. 대치동에서도, 그것도 내신 성적 관리가 어렵기로 악명 높은 S여고에 들어가서도 자꾸만 일을 벌이는 딸을 지켜보자니 한편 답답하기도 했지만 "정 하고 싶으면 해야지!"라며 딸아이와 친구들을 차로 동탄까지 태워다 줬다. 딸은 박람회를 다녀온 후 팀원들과 새벽까지 보고서를 작성하고 집으로 들어왔다. "박람회 안 갔으면 후회할 뻔 했어, 엄마! 뭔가가 부족했는데 이제 만족스러워!" 피곤하지도 않은지 그 새벽에 완성된 보고서를 자랑하는 딸은 만족감에 얼굴이 붉게 상기되어 있었다. '진짜 하고 싶어서 할 때의 표정은 저렇구나.' 시켜서 했다면 절대 나올 수 없는 표정이었다.

그 대회에서 딸은 은상을 받았다. "엄마, 애들이 어떤 학원에서 탐구보고서 준비했냐고 친구에게 물어보더래. 그래서 친구가 우리끼리 했거든! 하고 말해 줬대." 딸은 온전히 스스로 이룬 것에 더 큰 뿌듯함을 느꼈다. 1학년 내내 하고 싶은 걸 하느라 신났던 딸은 어느 날 갑자기 자신의 성적을 확인하곤 현실적인 난관에 봉착했다. 그리고 2학년부터는 벌여 놓았던 활동도 선별해서 하고 불필요하게 의지했던 내신학원은 끊겠다고 선언했다. 왜 갑자기 그러는지 물었다. "성적이 이 상태면 원하는 학교도 못 가고 내가 원하는 전공도 못할 것 같아서"라고 딸이 말했다. "아이고, 일찍도 깨달으셨네요!"

그때부터 딸아이의 공부하는 자세가 달라졌다. 싫어하는 주입식 공부를 하려니 잘 웃던 딸의 얼굴은 점점 무표정해졌다. 졸음을 참으려고 커피를 많이 마시니 얼굴에 뾰루지도 많이 생겼다. 무조건 외우는 건 안 맞는다는 걸 알고는 공부한 걸 학교에 가서 친구에게 설명해 주는 방식을 택했다. 설명해 주기 위해 공부하고 자연스럽게 열심히 공부하는 친구들과 가까이 지내며 전반적으로 성적이 향상되었다. 스스로 해내는 과정 속에서 진로의 방향도 스스로 정했다. 공부하려는 목적이 명확해지자 그때부터는 자신이 스스로 성적을 관리하며 필요한 것만 내게 요청했다.

딸은 장학생으로 E여대에 들어갔다. 수시로 합격이 결정돼 수능 성적을 활용하지 못한 아쉬움과 70% 가까이 재수를 선택하는 대치동의 분위기 사이에서 딸은 한참을 고민했다. "엄마, 내가 원하는 게 학자도 아닌데, 재수는 시간 낭비인 것 같아." 마음을 정할 때까지 숨죽이며 기다리던 나는 스스로 결정을 내려 준 딸이 대견했다.

인생은 결국 자기 스스로 사는 것

서열화된 '학벌' 기준으로 보면 딸은 아들처럼 최상위권 대학에 들어가지는 못했다. 하지만 딸은 코로나19로 어려운 여건 속에서도 자기가 하고 싶은 걸 찾아 하면서 즐겁게 학교생활을 하고 있다. 듣고 싶은 과목을 제대로 선택할 줄 알아서 같은 나이 때 아들보다 월등한 학점을 받고 있고, 알바나 동아리 활동 같은 것들도 더욱 주체적으로 찾아내 행복하고 바쁜 대학 생활을 꾸려 나가고 있다. 대학 생활만 10년을 끈 아들은 힘들었던 실패의 과정을 오롯이 이겨 내고 지금은 언론사에 취업해 한 명의 사회인으로 자신의 역할을 잘 해내고 있다. 오랜 '비효율의 과정'은 어쩌면 자기 자신과 나아갈 길을 찾기 위한 여정이 아니었나 싶다. 시행착오를 통해 자기 자신을 들여다볼 시간을 갖게 된 아들은 이제 일상의 소소한 행복을 즐길 줄 안다. 자신의 취향을 존중하며 살아갈 줄 안다. 홀로 오롯이 견뎌 낸 삶의 경험들은 앞으로 엄마 대신 아들의 든든한 지원군이 되어줄 것이다.

어떤 물리학자들은 역사를 달리하는 두 갈래의 우주들이 서로 나란히 실재할 수 있다고 주장한다. 그 두 우주는 양쪽 모두 독립적으로 실재할 수 있는 우주이다. 하나는 당신이 아는 우주이고 다른 하나는 당신이 태어나지 않은 우주이다. 어쩌면 시간은 그 자체로서 수많은 잠재적 차원을 갖지만 우리는 그중에서 단 하나의 차원과 연관된 세상에서만 살아갈 운명인지 모른다. (『코스모스』 칼 세이건)

어제의 내가 오늘의 내가 아니라고는 할 수 없지만 내 몸에 들어 있는 세포들이 모두 어제의 것은 아니다. 끊임없이 에너지와 물질을 교환하며 새로운 세포를 만들어 내고 있다. 내 아이들도 마찬가지다. 매일 매시간 변화의 과정을 통해 각자가 자신의 세상을 만들어 가는 것이다. 같은 시간을 함께 살고 있지만 내가 사는 세상과 내 아이들이 사는 세상은 다르다. 그것을 인정하고 응원하면 될 일이다.

인생은 결국 자기 스스로 사는 것이다. 자식이 실패하고 고생하고 아파하는 걸 그저 지켜보고 싶은 부모는 없다. 그렇다고 부모가 개입해 이정표를 제시해 주는 게 능사는 아니다. 다양한 시행착오의 경험, 실패의 쓰라림, 성공의 달콤함 모두 혼자 이뤄 냈을 때 오롯이 자신만의 무기가 된다. 자식이 무엇을 원하는지 살피지 못한 채 그저 부모 욕심으로 힘껏 끌고 가는 일은 없어야 한다. 부모는 그저 하늘 위 가장 밝게 빛나는 성숙한 별로서 자식의 가는 길을 비춰 주면 된다. 넘어지고 깨지더라도, 기어코 걸어가는 자식의 모습을 지켜봐 주는 것만으로도, 부모의 역할은 족하다.

대치동에 가면 니 새끼가 뭐라도 될 줄 알았지?

5

고리오 영감과
대치동 부모들의
평행이론

김현민

공부보다 놀고 싸돌아다니는 것이 좋아요

결혼 전에는 대학교 연구소의 조교로 일했다. 결혼 5년 만에 큰 아이를 낳고 다시 학교로 돌아가기를 바라고 있을 때였다. 아이가 목욕탕에서 나오다가 바닥에 튄 단 몇 방울의 물에 그대로 뒤로 넘어졌다. 응급실에 도착했을 때, 아이의 머리를 감쌌던 흰 수건은 온통 검붉은 피로 물들어 있었다. CT 촬영실 앞에서 눈물과 기도가 터져 나왔다. "하나님, 지금 이 아이를 살려 주신다면 이 아이만 잘 키우며 살겠습니다!"

그 순간 나의 미래는 방향을 잃은 나침반과 함께 육아의 바다에 내던져졌다. 매일, 매주 끊임없이 '이제 어디로 가야 하나' 외쳤다. 그때는 아이가 성장한다는 것이 '엉켜 있는 무지개 색실 덩어리에서 그 아이만의 독특한 색실을 찾아가는 일'이라는 것을 몰랐다. 그저 아이들은 타고난 기질대로 자라난다. 그리고 20년이 지났다. 그 사이에 부끄럽게도 나는 지천명의 나이가 되었다. 어른인데, 엄마인데 아직도 내가 좋아하는 것과 잘하는 것이 무엇인지, 내가 스스로 어디까지 할 수 있는지도 선뜻 대답하지 못한다. 하물며 내 아이에게 맞는 삶이 무엇인지 어떻게 알려 줄 수 있겠는가, 신도 아닌데.

2007년 여름부터 우리 가족은 남편의 해외연수를 겸한 학업 활동으로 미국에서 2년 남짓 살았다. 당시 미국의 지인이 한국에서 온 많은 어린아이들이 영어로 의사 표현을 못해 꿰다 놓은 보릿자루처럼 지내며 오줌까지 지린다는 소식을 전해 줬다. 급한 마음에 남은 몇 달 동안 아이는 한국 영어 유치원에서 한국식 '빨리빨리 교육법'의 수혜를 받았다. 그래서인지 미국에 가자마자 프리 스쿨에서 알파벳을 넘어 간단한 문장까지 쓸 줄 아는 신기한 아이로 주목을 받았다. 다른 미국 아이들은 알파벳 A 한 글자를 가지고 종이를 찢어 글자를 따라 붙이거나 무지개 색 시리얼로 글자를 만드는 등 흥미와 체험 형식의 수업을 이어 갔다. 이렇게 그림을 그리다 체육관에서 신나게 뛰어 놀기를 반복했다. 다시 학습을 짧게 하고 또다시 놀이터에서 자유롭게 노는 방식이었다. '공부—놀기 과정'을 반복하는 '시루떡 같은 수업'이 계속됐다. 그런데 어느 학부모도 학교 담당자도 불만이 없었다. 솔직히 미국까지 왔는데 영어 진도가 느린 것이 답답했다. 이것이 선진 교육인가 의구심이 쌓였다. 그 당시에는 아이들이 자유롭게 놀면서 몸 쓰기를 익히고, 호기심과 사회성을 키운다는 것을 몰랐기 때문이다.

몇 주가 지나 같은 타운하우스에 살고 있던 한인 가족과 인사를 하게 되었다. 둘째가 자폐아인데 한국의 특수 아동 교육에 만족하지 못하고 이민을 온 경우였다. "미국에서는 어린아이가 수영을 배우려면 물을 만지고 적응하기 위해 관련 놀이를 하면서 몇 번의 수업을 진행해요. 그런데 한국에서는 아마 첫날 바로 수영장 풀에 들어갈 걸요. 어떤 선생님은 겁내는 아이를 물에 던져 넣기도 하죠." 한국의 교육 현장에서는 아이가 적응하기를 기다려 주지도 참아 주지도 않아서 장애가 있는 자신의 아들은 더욱 힘들었다고 했다.

요즘 대치동 맘들은 80~90년대 대한민국의 경제 개발 계획 시절에 교육을 받은 세대이다. 나의 학생 시절에 일부 선생님들은 전교 성적 순위와 학생들의 인성이 비례하는 것처럼 착시 교육을 강요했다. 조금 빠르든 느리든 모든 아이들이 다 함께 물을 느끼고 물속에서 다양한 즐거움을 맛보았더라면, 한글을 하나라도 더 익히려고 애쓰기보다 우리말에 얽힌 지혜를 사랑하는 것이 더 중요하다고 배웠더라면 지금 우리의 삶은 더 행복해졌을까. 지금도 나의 작은 바람은 우리의 아이들이 장애아든 적응에 서툰 아이든 마음의 여유를 가지고 친구를 사귀고 성장할 수 있으면 좋겠다는 것이다.

그날 이후 미국에서는 학교 수업에 대한 부담이나 욕심을 버렸다. 매일매일 놀이터를 순례했다. 도서관이나 커뮤니티 센터에서 책이나 영상물을 마음껏 빌려 보았다. 시골 농장 축제나 양 타기 행사도 즐거웠다. 가까운 도시나 국립공원으로 여행도 자주 다녔다. 큰아이가 '공부보다 싸돌아다니는 것이 너무 좋아요'라고 행복한 고백을 해서 한참 웃었다.

시애틀 놀이터에서 대치동 '학원 뺑뺑이'로 그리고 정신과를 찾았다

그렇게 잠시 느려졌던 삶은 대한민국으로 돌아오는 귀국 비행기 편을 예약한 순간부터 끝나 가고 있었다. 가사에 익숙해져 자주 유모차와 카트를 끌던 남편은 공항에서 짐을 옮기던 카트를 마지막으로 일상에서 존재 의미가 점점 희미해졌다. 대신 남편은 늦은 밤까지 일에 찌들어 갔다. 주말에도 밀린 잠을 자거나 남은 일을 해야 했다. 매년 건강검진을 하면 업무량과 회식이 증가하는 것에 비례하여 지방간 수치가 높아지기 시작했다. 금융 사태 이후 대한민국은 고도성장한 만큼 업무량도 교육열도 거의 세계적 수준이었기 때문이다. 사회적으로 묵인된 아빠의 방관 속에서 엄마의 독박 육아가 시작되었다.

큰아이가 7살이 되었을 때 미국에서 귀국하면서 강북에서 강남으로 이사를 결정했다. 부모로서 강남은 교육 환경은 물론이고 무엇보다 '좋은 친구를 많이 사귀기'에 적합한 환경이라고 생각했다.

그리고 중고등학교 동창들이 얼마나 중요한지 강조하는 남편의 말이 나의 머릿속에 콕 박혔다. 그런데 막상 대치동에 와 보니 대한민국 그 어느 곳보다 친구 사귀기가 어려운 곳이었다. 엄마들의 세계관과 교육관까지 비슷해야 겨우 팀에 낄 수 있었다. 첫 학부모 모임에 나간 뒤 직감적으로 알았다. 공부든 운동이든 아이들의 실력이 서로 어울리는 정도를 끊임없이 저울질하는 동네라는 것을 말이다. 일본 엄마들의 그 어렵다는 '유모차 데뷔' 못지않게 눈치코치가 쌓여 가는 날들이었다. 내가 좋은 환경이라고 생각한 '좋은'의 기준이 무엇인지 깊게 생각하지 않고 준비 없이 강남 한가운데 들어왔구나 하는 탄식이 이어졌다.

그리고 몇 년의 세월을 더 보낸 후 대치도서관 '길 위의 인문학: 중국 철학' 강의 시간에 인간적인 실천가였던 묵자墨子의 겸애兼愛를 배우면서 인생에서 사람을 사귀는 것이 얼마나 중요한지 다시 한번 깨달았다.

옛말에 이르기를 '군자는 물을 거울로 삼지 않고 사람을 거울로 삼는다'고 했다. 물을 거울로 삼으면 얼굴을 볼 수 있을 뿐이지만 사람을 거울로 삼으면 길흉을 알 수 있는 것이다. (『강의』 신영복)

우리는 7살 아들의 친구 사귀는 일에 참견하는 부모가 되었다. 인간적인 가치를 가볍게 여기고 물신주의적인 문화에 빠졌다. 그래서 우정의 가면을 쓰고 사람과 사람의 사귐을 출세에 도움이 되는 일로 변질시켰다. 지금까지도 부끄러운 까닭은 세상과 인간관계에 대한 생각의 싹이 움트는 7살 어린 자식에게 한 짓이기 때문이다. 첫 단추가 잘못 끼워지니 바로 문제가 터졌다.

큰아이는 영어 유치원을 다니면서 동시에 예체능을 포함한 여러 개의 학원을 동시에 다니기 시작했다. 강남식 '학원 뺑뺑이'를 시작한 것이다. 두 달쯤 지나 잘 적응하고 있는 줄 알았는데 유치원에서 연락이 왔다. "요즘 아이가 운동장이나 놀이터에 나가면 교실로 들어오질 않아요." 그날도 운동장 가장 자리에 주저앉아 풀만 뽑아서 캐나다 원어민 선생님이 달래고 있다는 것이었다. 유치원으로 달려가서 상담을 하고, ADHD(주의력결핍 과잉행동장애) 여부를 진단 받기 위해 소아정신과에서 검사를 했다.

이런저런 검사를 하고 결과를 기다리는 동안 나는 여러 경우의 수를 생각하느라 입이 바짝 마르고 가슴도 먹먹하고 두통까지 시작되었다. 하지만 아이는 의사 앞에 놓인 사탕 그릇을 파헤치며 이 사탕 저 사탕 만지느라 신나 보였다. 나는 아이의 작은 손을 끌어다가 자꾸만 나의 손아귀 안에 넣으려고 애쓰고 있었다. 마침내 의사 선생님이 결과지를 가지고 들어왔다. 미국 전원생활에서 강남 영어 유치원으로의 갑작스러운 이동 격차를 지적하였다. 너무나 상반된 환경에 놓인 아이가 자신의 심리를 행동으로 보여 준 것이라며 "나가서 신나게 놀게 하면 좋아질 것"이라고 나를 안심시켰다. 그날부터 해가 떨어져 가로등 불빛에 몸의 선들만 출렁거릴 때까지 놀이터에서 신나게 놀기 시작했다. 모든 학원을 끊고 꼭 하고 싶다는 태권도만 배우게 했다. 며칠 만에 봄볕에 잘 익은 아이는 고맙게도 몸과 마음이 모두 건강하게 돌아왔다.

나를 포함한 대한민국 엄마들의 공통 경험담. 우리 아이가 천재인 줄 알았는데 영재인가 하다가, 보통 정도는 되겠지 하는 의심이 지나가고, 정신을 차리면 제일 못난 아이가 내 새끼더라 하는 이야기. 그동안 두 아이와 함께 전형적인 '대치동 맘'으로 살았다. 응급실에서 삶과 죽음의 갈림길에 섰을 때 제발 건강하게 살아갈 수만 있게 해 달라고 빌었던 그때의 간절한 기도는 영영 잊어버린 것일까. 대부분의 인생이 그렇듯이 평범함도 좋은 것이다. 좀 모자란 구석마저 인생의 여백이라는 생각은 어디쯤에 두고 왔을까. 나는 반성의 시간이 짧고 조급한 엄마라서 대치동에서 여전히 작은 성공의 뺑뺑이를 돌며 실수와 실패를 반복하고 있었다.

"우리 아이들이 매일 밥 한 끼 같이 먹자는 거야"

큰아이가 초등학교 고학년이 되자 남들이 학원을 다섯 개 보내면 나는 세 개만 시키자는 신념으로 대치동 생활에 적응했다. 과학을 좋아하던 큰아이가 대치동 수학 학원의 무시무시한 진도를 따라가자 슬슬 욕심이 생기기 시작했다. 교대 영재원에 들어간 뒤에는 학습 속도가 너무 빨라져서 브레이크도 없이, 주말도 없이 내달렸다. 어른이 중심을 잡지 못하니 아이도 위험한 질주가 당연한 줄 알았다. 가끔씩 아이의 가방 밑바닥에서 꾸깃꾸깃 말려진 학원 성적표를 볼 때가 있었다. 친구들 사이에서, 그 피 말리는 학원 테스트 속에서 휘둘러지는 우열의 칼날들이 어린 가슴을 스친 것이다. 나의 가슴까지 아파 왔다. 아이의 잠이 줄어 든 만큼 마음의 상처도 커지는 것은 아닌지 걱정이 되기 시작했다.

그즈음 한 모임에서 큰아이를 명문대에 보낸 엄마가 자랑스럽게 말했다. "특목고 가겠다고 지금은 다 같이 달리지만 스무 명 중에 두세 명 가는 거예요." 나의 예측보다 더 힘든 상황이었다. 대치동은 아이들 명문대 보내려고 모인 부모들이 '네 배 투자해서 진학률이 두 배 높은 곳'이라는 소문 속의 통계들. 그래서 실패의 아픔이 더 크다는 것이다. 대치동은 경마장의 경주마처럼 외부와 통하는 시선을 거두고 성적과 등수의 채찍을 맞아 가며 달려야 하는 곳이다. 달리기 선수나 첼로 연주자는 타고난 재능이 필요하다고 하면서 공부는 누구나 열심히 하면 된다고 말한다. 어느새 아이들도 내면에 꼭꼭 숨어 있던 각자의 재능을 꺼내 보지도 못하고, 오직 학업 성적에만 몰두하는 십 대의 삶을 강요하는 부모가 되어 가고 있었다. 아이도 우리 부부도 점점 지쳐 가는 시간들이었다.

오랜만에 대학 신문사 때 알고 지내던 친구들 모임에 나가게 되었다. 무상급식 실시 여부로 세상이 두 쪽으로 갈라져서 시끌시끌하던 시절이었다. 나는 소위 선진국이라는 미국에서 잠시 살다 왔다는 자만심으로 무상급식의 질이 하락할 것이라며 걱정했다. 한국은 부모들의 자발적인 도네이션 문화가 없다느니, 굳이 경제 사정이 차이 나는 지역까지 싸잡아서 급식의 질을 하향평준화하려 든다느니 하면서 말이다. 지금 생각해도 얼굴이 확 붉어지고 어딘가로 숨고 싶을 정도다. 그때 방송국 피디인 한 친구가 "너 변했다. 난 단지 우리 아이들이 매일 밥 한 끼 같이 먹자는 거야"라고 말했다.

대치동 우물 속에서 세상을 저울질하는 나의 맨 얼굴을 들킨 기분이었다. 친구들의 실망한 표정에 나는 머리를 한 방 얻어맞은 기분이었다. 나도 모르는 사이에 강남과 다른 지역을 구별하고 더 나아가 차별하는 사람으로 변해 가고 있었구나. 차별 의식은 가족 사이에서 형성되는 경우도 많다는데 이미 나쁜 부모가 된 것은 아닌가 반성이 이어졌다. 교육, 교육하더니 우물 안 개구리 주제에 바다를 이야기하고 있었구나. 『장자』가 다시 보였다.

> 우물 안 개구리에게는 바다를 이야기할 수 없다. 한곳에 매여 살기 때문이다. 메뚜기에게는 얼음을 이야기할 수 없다. 한 철에 매여 살기 때문이다. (『장자(莊子)』, '추수' 중에서)

나는 지금 어디에서 무엇을 하고 있는 것일까. 명문대 진학을 위한 욕망의 바다에서 길을 잃었구나. 장자를 둘러싼 춘추전국 시대 교조教條에 묶인 굽은 제자백가 선비들처럼 나도 대치동의 수레바퀴에 묶여 있는 한 철 메뚜기였구나. 수레바퀴에서 벗어나고 싶었다. 아이가 열 달 정도 수학 학원을 쉴 수 있게 했다. 아이가 옛날처럼 책도 읽고 영화도 보고 생각도 넓어졌으면 싶었다. 나도 대치동 밖의 세상을 사는 사람들도 만나고 일도 했으면 좋겠다는 희망까지 생겼다. 혼자서는 막막하기도 하고 외롭기도 하고 바른 방향으로 가고 있는지 걱정도 생겼다.

작은아이가 초등학교에 들어가자 우선 오전 시간에 문화센터 철학 강의를 등록했다. 철학모임을 하다가 고전을 읽고 토론하는 대치도서관 인문독서클럽이 있다는 것을 알고 너무나 기뻤다. 그 후로 한 달에 두 번씩 독서 모임에 참여하게 되었다. 요즘 같은 코로나 대유행 시기에도 줌을 이용한 비대면 방식으로 고전 읽기를 이어 가고 있다. 토론의 주제도 철학과 역사에서 출발해서 예술과 과학으로까지 넓어지고 있다. 살다 보면 인생도 때때로 리셋이 필요하다. 나도 친구로부터 뼈아픈 한마디를 들은 바로 그 순간 일단 멈추고 다시 시작하고 싶어졌다. 사람들을 만나서 차를 마시며 웃고 이야기하다 보면 다른 인생들도 보이고 가슴 따스한 위로도 주고받을 수 있었다. 언제나 모든 일이 그러하듯이 실수는 반복되고 시작은 어렵다.

고리오 영감과 대치동 부모들의 평행이론

대치도서관 독서동아리 활동 중에 도서관 추천을 받아 강남구 북 콘서트에서 책을 읽고 감상을 발표할 기회를 얻었다. 나는 발자크의 소설 『고리오 영감』을 골랐다. 가난한 시골 귀족 출신인 주인공은 파리에서 법학도로 성공을 꿈꾸며 보케르 부인의 하숙집을 찾는다. 그리고 그 집 맨 꼭대기 방에서 제면업으로 큰돈을 벌어 두 딸을 백작과 남작 부인으로 만든 고리오 영감을 만난다. 영감은 자신의 전 재산을 쓰고도 계속해서 사치와 향락을 위해 손을 내미는 딸들에게 시달리고 있었다. 이렇게 망가진 관계 속에서 고리오 영감은 딸들이 너무 어렸을 때 마차를 사 주고 화려한 사교계에 발을 들이게 한 것을 후회하고 있었다. 책 말미 고리오 영감의 절규 속에서 부모라는 숙명의 서글픔이 밀려온다.

"사랑하는 천사들아, 무슨 일이냐. 너희들은 괴로울 때만 내 눈앞에 나타나는구먼. 너희들은 나에게 너희들의 눈물만을 보이는구나. 물론 그렇지. 너희들은 나를 사랑하지. 나도 알고 있단다. 오너라. 여기 와서 하소연하렴! 내 가슴은 커서 무엇이든지 받아들일 수 있단다. 그래, 너희들이 내 심장일 테니까 너희들의 고통을 내가 대신 받아서 아팠으면 좋으련만. 아! 어렸을 때 너희들은 참 행복했는데……." (『고리오 영감』 발자크)

그는 죽기 전까지 두 딸의 머리털이 들어 있는 메달을 손에 쥐고 괴로워한다. 그러나 아버지의 임종 순간에도 모습을 보이지 않았던 딸들은 초라한 장례식에서마저 끝내 모습을 보이지 않았다. 다만 귀족 가문의 문장이 새겨진 텅 빈 마차만이 장례 행렬을 뒤따르고 있을 뿐이었다.

대치동에 가면 니 새끼가 뭐라도 될 줄 알았지?

고리오 영감처럼 대치동의 수많은 부모들은 자녀를 좋은 대학에 진학시키고 전문직이나 대기업에 진출시켜 안정된 인생을 살도록 힘쓴다. 게다가 요즘은 자녀들의 경제력 고삐의 끝자락을 움켜쥐고 끊임없이 자신의 통제 안에 머물도록 애를 쓴다. 어떤 자식들은 고리오 영감의 두 딸처럼 부모를 금전출납기로 생각하기도 한다. 부모 자식 간에 사랑과 믿음을 나누는 것이 아니라 돈으로 많은 것을 해결할 수 있다고 생각하기 때문이다.

1850년대 프랑스 파리의 고리오 영감도, 2020년대 대한민국 서울의 나도, 부모와 자식 간의 적절한 거리 두기에 모두 실패한 것이다. 부모의 과도한 기대와 자식의 '불행 가능성' 사이의 평행이론은 지금도 계속되고 있다. 대치도서관 독서동아리 모임이 활발해지면서 나에게 청소년들을 대상으로 고전 읽기 강의를 할 수 있는 기회가 주어졌다. 여러 책들 중에서도 학창 시절 읽었던 셰익스피어의 『리어왕』은 부모가 되어 어린 학생들과 함께 다시 읽으니 감동이 한층 깊어졌다. 리어왕이 왕국을 나누려고 세 딸에게 "누가 짐을 가장 사랑하는지" 말해 달라고 하자 고너릴과 리건은 모든 한계를 넘어서 아버지의 사랑 속에서만 행복해진다고 아부한다. 그러나 막내딸 코딜리아는 '사랑으로 침묵하라'고 자신의 마음을 다진 뒤에 "아무것도 드릴 말씀이 없습니다(Nothing)"라고 대답한다.

리어 : 없음은 없음을 낳느니라. 다시 해 봐.

코딜리아 : 소녀 비록 불운하나 제 마음을 입에 담진 못하겠습니다. 저는 전하를 도리에 따라서 사랑하고 있을 뿐 더도 덜도 아닙니다.

리어 : 뭐, 뭐라고. 코딜리아? 말을 고쳐 봐라. 네 행운을 망치지 않으려면.

코딜리아 : 아버님은 저를 낳아 기르시고 사랑해 주셨기에 전 그에 합당한 의무로 보답코자 복종하고 사랑하며 가장 존경합니다. 언니들이 아버님만 사랑한다 말할 거면 남편들은 왜 있지요? 제가 만일 결혼하면 제 서약을 받아들일 그분은 제 사랑과 걱정과 임무의 절반을 가져갈 것입니다. 전 분명코 언니들처럼 아버님만 사랑하는 결혼은 절대로 하지 않겠어요. (『리어왕』 셰익스피어)

막내딸 코딜리아는 사람들의 말이 진실을 온전히 담아 낼 수 없음을 알았나 보다. 그러나 리어왕은 '사랑 있음은 선이고 사랑 없음은 악'이라는 이분법적인 사고에 빠져 있었다. 사랑한다는 빈 말을 한 두 딸에게 배신을 당하고 버림을 받은 후에야 진실을 말한 막내딸의 시신을 마주하는 아버지의 비극성. 우리는 코딜리아의 '없음'을 넘어서는 사랑을 온전히 이해하고 부모와 자녀가 적절한 거리를 유지하는 관계성을 회복할 수 있을까.

방임과 자유의 복잡한 갈등 공식 속에서

큰아이 고등학교 입시가 몇 달도 남지 않았을 무렵, 같은 학교 친구가 특목고 준비 과정에서 받은 스트레스로 친구들의 손가락 사이를 날카로운 샤프로 찔러댔다는 소문이 돌았다. 그 친구가 학교 폭력대책위원회가 열리기 전에 소리 없이 전학을 가 버렸다는 소문의 진위까지는 정확하게 파악할 수 없었다. 하지만 제일 안타까운 점은 어느 학부모도 그런 상황에 이르도록 그 아이의 엄마에게 사실을 전하지 않았다는 것이다. '자기 자식의 허물을 가장 늦게 아는 사람은 바로 그 부모이다.' 이 동네의 명언은 또 적중하고 말았다.

이 사건을 접하고 나서 대치도서관 청소년들과 함께 읽은 헤르만 헤세의 『수레바퀴 아래에서』. 헤르만 헤세의 자전적인 소설로 주인공인 한스는 어렵게 합격한 명문 마울브론 신학교에 다니다가 중도에 포기하고 집으로 돌아온다. 그의 모습은 화창한 봄날 느닷없이 줄기가 잘린 나무와 같았다.

줄기를 잘라 낸 나무는 뿌리 근처에서 다시 싹이 움터 나온다. 이처럼 왕성한 시기에 병들어 상처 입은 영혼 또한 꿈으로 가득 찬 봄날 같은 어린 시절로 되돌아가기도 한다. 마치 거기서 새로운 희망을 찾아내어 끊어진 생명의 끈을 다시금 이을 수 있기라도 한 듯이. 뿌리에서 움튼 새싹은 하루가 다르게 무럭무럭 자라나지만, 그것은 단지 겉으로 보이는 생명에 불과할 뿐, 결코 다시 나무가 되지는 않는다. 한스 기벤라트도 그랬다. (『수레바퀴 아래에서』 헤르만 헤세)

소설의 후반부에 이르면 한스는 머리 아픈 공부를 피해 공장에서 일을 배우기 시작한다. 그의 뒤에서 어린 시절 자신을 부러워하던 친구들이 "주 시험에 합격한 대장장이"라고 놀린다. 사랑하던 소녀마저 소리 없이 떠난 후, 그는 점점 더 자주 술을 마시고 아버지와 다투는 방황의 시간들이 늘어갔다.

한스는 사과나무 아래 이슬에 젖은 풀밭에 드러누웠다. 온갖 불쾌한 감정과 고통스러운 불안감, 혼돈에 싸인 상념 때문에 도저히 잠을 이룰 수 없었다. 자신이 더럽혀지고, 모욕을 당한 듯한 느낌이 들었다. 어떻게 집으로 돌아갈 수 있을까? 그는 너무나도 낙심하여 자신이 처참하다는 생각이 들었다. 이제는 영원히 쉬고, 잠들고, 또 부끄러워해야 할 것만 같았다. 머리와 눈도 아팠다. 한스는 더 이상 걸을 힘조차 없었다. (『수레바퀴 아래에서』 헤르만 헤세)

다음 날 한스는 검푸른 강물을 따라 싸늘한 시체가 되어 사람들 앞에 나타난다. 자신의 정체성을 찾지 못하고 운명의 수레바퀴 아래 쓰러진 것이다. 권위적이었던 아버지와 학교 선생님들의 과한 기대 그리고 주위 사람들의 질시와 미움의 무게에 짓눌려 스러져 간 것이다. 명문 고등학교나 대학교에 들어가지 못했다고 상처받는 수많은 새싹들. 잊을 만하면 나오는 안타까운 뉴스들 그리고 허망하고 아픈 죽음들. 한두 번 줄기가 잘렸다고 백 년도 넘는 인생을 살아가야 할 아이들에게 찍어 내린 너무나 큰 상처들. 부모의 온실에서 자란 탓에 몸의 성장에 비해 너무 연하게 혹은 너무 독하게 마음이 자라고 있는 우리 아이들에게 어떻게 우리 어른들의 진심을 보여 줄 수 있을까.

우리 부부는 아이들에게 학교나 학원과 달리 집은 언제나 쉬는 곳이라는 여유를 주기로 했다. 핸드폰이나 컴퓨터의 사용 시간도 가능하면 제한하지 않았다. 사실 규칙을 정하고 사용을 제한하는 부모들이 부러웠다. 우리의 방임은 그저 차선의, 차선일 뿐이라는 것을 알고 있다. 어른인 나도 늘 핸드폰을 쥐고 살았다. 하지만 요즘 핸드폰과 거리를 두기로 다짐했다. 나부터 집안일을 하거나 책을 읽을 때 두세 시간마다 한 번씩만 문자나 SNS를 확인하려고 노력한다. 언젠가는 아이들도 물건이 주는 만족감과 굴레에서 스스로 자유로워지기를 바라고 기다리면서.

어느 날인가 학교 오케스트라에서 클라리넷을 연주하던 큰아이가 갑자기 피아노를 마음껏 칠 수 있도록 디지털 피아노를 사 달라고 했다. 컴퓨터에서 악보를 뽑고 핸드폰으로 영상을 보면서 시험 기간인데도 한밤중에 헤드셋을 쓰고 마음껏 쾅쾅거렸다. 기말 고사가 끝날 때마다 성적보다 피아노 연주 실력이 늘어 있었다. 혈전이 쌓여서 막히면 혈관이 터지듯 아이들도 숨을 쉴 수 있는 자유로운 공간이 없다면 눈에 보이지 않는 어딘가가 조금씩 곪아 터지지 않을까 상상해 본다. 우리는 아이들에 대한 방임과 자유의 복잡한 갈등 공식 속에서 끝없이 불안해하며 오늘도 세계 최고의 IT 환경에서 살고 있다.

고3처럼 학원과 독서실에서 자정을 넘겨 공부하던 큰아이가 운이 좋게도 영재고에 진학했다. 합격의 기쁨은 딱 일주일이라더니 합격 발표 직후 학부모 모임에서 과학 각 과목과 수학 그리고 영어와 컴퓨터 선행 학습이 논의되었다. 학기 중에는 좀 덜 했지만 방학 때는 아침부터 늦은 밤까지 또다시 공부가 이어졌다. 그런데 몇 년이 지나고 큰아이가 고백하기를 친구들과 야식 먹는 재미 때문에 학원을 다녔고, 복습을 제대로 하지 않아서 깨진 독에 물 붓기였다는 것이다. '자기 주도가 아니라 자본 주도'였던 것이다.

선행 학습의 효과는 없었다. 그 많은 사교육비며 대치동의 살인적인 픽업 전선에서 고생한 것을 생각하면 아이가 얄밉고 철이 없다는 사실에 더 화가 났다. 게다가 학교에 들어간 뒤에는 친구들이 자신보다 머리가 좋다고 말하며 열등감을 표현했고 짜증까지 늘었다. 공부보다는 방송반, 축구부 동아리 활동에 더 열심이었다. 아이는 고등학교 삼년 내내 축제에서 노래를 불렀다고 자랑했다. 그 사이 고음 불가의 노래 실력이 늘어 조금 들어 줄 만하게 변했다. 성적은 오월 단오 너울마냥 오르내렸다. 기숙사에서 늦은 밤 야식을 먹으러 친구들과 학교 담을 넘어서 우리까지 불려가 혼나기도 했다. 그래도 우리 부부는 참고 또 참았다. 들판에서 좀 거칠게 자라다 보면 스스로 성장하고, 상대적으로 집이 따뜻하다는 것도 알리라 생각했다. 지금도 큰아이는 몸과 마음이 성장 중이다. 나는 아이가 넘어질 때마다 적당하게 거리를 두고 기다려 줄 마음의 준비를 해 왔다. 그래도 때때로 지치고 힘들면 친한 사람들에게 하소연한다. 해답을 얻기도 하고 위로를 받기도 한다. 그리고 집에 돌아와 숨을 한 번 길게 내쉬고, 다시 기다려 본다. 아이들은 더디게 그러나 분명 커 간다.

사춘기 딸과 갱년기 엄마가 만나 예술을 사랑하다

내가 십대였던 80년대에는 미국 잡지들이 한국어로 번역되어 손에 손을 타면서 여러 집을 돌아다녔다. 「리더스 다이제스트」라는 잡지가 있었는데 거기에서 나는 아주 짧은 유머들을 제일 먼저 찾아 읽곤 했다. 그중 기억에 남았던 교육에 관한 이야기. 한 젊은 교육학 박사가 자녀 양육에 관한 강연을 하면서 인기가 높았다. 자신의 아이가 없었을 때는 자신감이 넘치는 강연 실력으로 유명했는데 아이가 생기자 강연 내용이 소위 '꼬이기' 시작했다. 그리고 아이가 청소년이 되자 자녀 양육 강연에 두 손을 들고 말았다.

서양이나 우리나 아이들의 사춘기는 '대책 없이 오시는 그분'이 맞는 것 같다. 사춘기에 들어선 작은아이가 예술의 전당 미술 영재 수업을 받으면서 4시간의 무료한 기다림이 이어졌다. 조금 용기를 내어 서예를 배우기 시작했다. 그러다 미술사, 예술사 강연도 듣게 되었다. 서예는 어려워서 접었지만 옛날에 배우고 싶었던 것들을 조금씩 다시 시작하면서 발걸음이 가벼워졌다.

나와 작은아이는 함께 미술 전시회를 찾아다녔다. 그런 영향인지 작은아이는 미술 전공으로 예술중학교를 선택했다. 그런데 아이는 입학하자마자 학교 복도 벽을 이용하는 미전 작품을 준비하면서 고민이 많아졌다. 독특한 관점으로 작품을 창작하는 친구들을 보면서 열등감이 생긴 것이다. 그리고 사춘기가 더 깊어졌다. 그 사이에 피아노를 전공하고 함께 자전거를 즐겨 탔던 작은아이의 친구는 자퇴하고 집에 있다는 이야기도 들렸다. 예술성과 개성이 강한 친구들 사이에서 자신만이 평범하다고 생각하는 작은아이는 자꾸만 움츠러들었다. 하필 갱년기가 시작된 나도 심신이 지쳤다. 예민해진 두 여자 앞에서 다른 가족들도 힘들어 하고 있었다.

그때 만난 전원경 작가의 『예술, 역사를 만들다』는 설렘 그 자체. 역사의 변화를 근간으로 예술사를 엮어서 풍부한 명화와 해설을 곁들여 미술사에 대한 목마름을 해소해 주었다. 뒤러의 당당함과 카라바조의 천재성과 후회, 윌리엄 터너가 보여 준 예술가의 고집, 드가의 은근한 사회 고발, 휘슬러와 어머니의 갈등, 로트렉과 에곤 실레의 아픔과 사랑스러움, 프랜시스 베이컨의 뒤틀림까지 모두 큰 기쁨이었다. 각 작가들의 전기와 덜 알려진 작품들을 찾아보며 작가들마다 나이가 들면서 소재도 변하고 주제 의식도 달라지는 것을 알게 되었다. 예술가도 우리도 세상사에 따라 삶이 변하는 것이 당연지사. 그런데 어리석게도 우리는 언제나 아이들이 그 자리에 있어 주기를 바란다.

이 책을 읽으면서 청소년 대상 도서관 강의와 '미친美親 예술' 동아리를 진행했다. 동아리 모임을 위해서 수백 장의 명화 원본을 찾아보고, 유튜브에서 화가들의 삶을 감상했다. 어느새 예술 관련 영화나 다큐멘터리까지 챙겨 보게 되었다. 조금씩 아주 조금씩 아이

「**바닷가의 수도승**」 카스파 다비트 프리드리히Caspar David Friedrich, 110x172cm, Alte Nationalgalerie, Berlin, Germany.

가 가지고 있었던 작다면 작고 크다면 큰 고통을 이해하게 되었다. 이진숙 작가의 『인간다움의 순간들』에는 일반인보다 예술을 하는 사람들이 더 많이 상처받고 아파하는 과정과 이유가 잘 설명되어 있다.

그 책에 있는 예술가 중 1800년대 초반에 활동한 독일 화가 카스파 다비트 프리드리히. 그는 일곱 살에 어머니를 여의고, 누이들이 죽고, 열세 살 때 물에 빠진 자신을 구하고 형이 사망하는 사고

대치동에 가면 니 새끼가 뭐라도 될 줄 알았지?

까지 겪었다. 어린 시절의 불운은 그의 삶 한가운데에 예술과 종교에 관한 질문들을 던져 놓았다.

그가 활동하던 당시 그림을 사는 부자들은 풍경화를 통해 자신의 여행 경력이나 부를 드러냈다. 하지만 프리드리히의 풍경화에는 그러한 세속의 가치를 비웃듯 자연의 거대함을 넘어 자연을 빚어낸 신의 숨결이 느껴질 정도로 종교적인 숭고함이 가득하다. 그의 화려하지 않고 담백하며 여백미가 가득한 풍경화 앞에서 우리는 영혼을 가진 존재로서 거대한 자연 앞에 작고 또 작게, 한없이 작아져 바닷가의 작은 돌멩이로 변한다. 그의 작품에서 수도승은 마치 신과 구원을 갈구하며 간절한 기도 속에 살던 한 인간이 드넓은 바다 앞 물안개 속에서 자연의 한 돌조각으로 사라지는 듯 보인다. 그런데 이상하게도 허무한 것이 아니라 모든 근심이 사라지는 느낌을 받는다. 살아 있든 죽었든, 신의 보호 아래에서 살든 연속된 혈육의 죽음이 불러온 공포 앞에서 바들바들 떨며 죽은 듯 살아가든 모든 것을 전부 내려놓게 한다.

이진숙 작가의 말처럼 "밤을 이기고 온 아침처럼 성장하고 쇠퇴하고 다시 태어나는 자연의 순환 속에서 한 인간은 죽음으로 유한한 삶을 마치지만 자연은 무한한 순환으로 영원한 삶을 사는"것이다. 어머니와 누이들 그리고 형의 죽음도 그리고 언젠가 다가올 나

「안개 낀 바다 위의 방랑자」 카스파
다비트 프리드리히, 94.5x74.8cm.
Kunsthalle Hamburg, Hamburg,
Germany.

의 죽음도 자연의 순환 속에서 담담하게 받아들여지는 것이다. 이
렇게 우리는 자연을 그린 그림 앞에서 성당이나 불당에서 얻는 종
교적인 평안이나 안식을 간접 경험할 수 있다.

그리고 프리드리히의 여러 그림들 속에서 보이는 뒷모습이 주
는 익명성. 젊은 시절에 지리산과 한라산 그리고 설악산에서 보았
던 안개 속에 앞서 가던 수많은 등산인들의 뒷모습. 그림 속의 인물
이 작가이든 친한 장교든 누구이든 간에 높은 산 위에서 거대한 물

안개를 넘어 바다를 바라보며 느끼는 자연의 원대함과 인생의 다양함을 이 그림처럼 당당하게 보여 주는 작품이 또 있을까. "육신의 눈을 감고 정신적인 눈으로 그림을 보라"는 작가의 외침이 들린다.

종교적 체험과 예술적 체험을 동일한 차원에서 바라보는 관점은 완전히 근대적인 일이다. 우리가 숭고함을 느낄 수 있다는 것은 우리가 영혼을 가진 존재라는 것, 그 영혼을 확인하기 위해서 종교에만 기대지 않아도 된다는 역설적인 결론에 도달하게 된다. 그리고 '영성의 체험'은 역시 인간다움의 중요한 순간이다. (『인간다움의 순간들』 이진숙)

이러한 주장에 이어 추상표현주의 예술가들의 작품은 종교 없는 종교적 체험으로서 나아가 현대 화가인 마크 로스코의 작품과 연결된다고 서술하고 있다. 책을 읽는 동안 한국에서 전시되었던 마크 로스코의 작품들과 교회의 원형을 재현했던 공간에서 한참 동안 멍하니 앉아 있던 기억이 소환되었다. 누구나 힘들구나, 화가는 더 힘들어 보인다, 그런데 그 힘든 상태를 작품으로 옮기는 용기도 필요하구나. 작가의 자살을 예고한 선명하고 붉은 핏빛이 가득한 작품 앞에서 우리도 가슴이 쓰리도록 아렸다.

그리고 딸아이와 내가 사랑하는 조각가. 제1차 세계대전의 상처와 화가 자신의 개인적인 아픔을 거칠고 가느다란 신체로 빚어 낸 자코메티. 그의 한국 전시 작품들 앞에서 우리는 함께 숨을 멈췄다. 고개 숙이지 않고 당당하게 걸어가야 하는, 평안의 밤을 얻을 때까지 하루하루 살아 내야 하는 우리들의 삶. 지금은 학교 미전 작품 하나하나에 울고 웃는 우리 아이와 그저 그 아이의 무수한 변화의 날들을 지켜봐야만 하는 나는 앞으로도 함께 이야기할 것들이 많다. 적어도 우리는 서로 관심 있는 작품들과 그에 대한 느낌들에 관하여 솔직해질 수 있어서 다행이다. 우리 집도 사춘기와 갱년기가 만났다. 딸아, 너는 꽃이 피느라 아프고 나는 지느라 아프단다. 하지만 엄마는 이제 열매를 맺을 준비를 할 거란다. 인생의 후반기에 엄마 자신을 위한 무언가를 하고 싶단다. 그것이 무엇인지는 지금부터 열심히 찾아볼 생각이고.

취해라, 모든 게 거기에 있다

예중 학부모 총회에서 모교 선배인 피아노과 교수가 자신의 대학교 학생들 중 25% 이상이 우울증을 겪고 일부는 약도 복용한다고 했다. 부모가 이끌어 주는 대로 대학에 왔는데 이제부터 무엇을 해야 하는지, 어떻게 해야 하는지 모르겠다는 대학생들이 많다고 했다. 대치동에서도 마음이 아픈 아이들을 상담하다 보면 엄마도 아빠도 다른 형제들도 심리적으로 조금씩 아파하고 있더라는 이야기들. 무한 경쟁이 심해질수록 아이들의 가슴속에 지울 수 없는 스키드 마크가 남는다. 몇 년 전 우리 아파트에 매물 가격이 조금 낮게 나온 집을 구매하려던 작은아이의 친구네가 있었다. 부동산도 못 믿겠고 혹시 얼마 전 펀드매니저가 자살한 집인지, 학생이 자살한 집은 아닌지 알아봐 달라고 했다. 이런 조심스러운 전화에 나도 심한 충격을 받았다.

나는 인생을 살면서 많은 실패를 겪어 봤다. 경제적으로 안정적인 생활을 하고 있지만 여전히 나 자신 혹은 내 주위의 누군가 아플까, 상처받을까, 절망할까 초조하고 불안하고 때로 두렵다. 지난날 언젠가 지리산을 오르다 안개가 지났다고 짧은 휴식을 취하자마자 비도 맞고 예보에도 없던 천둥까지 만났던 적이 있다. 그런데 살다 보니 인생의 산에서 진짜 중요한 것은 산을 내려올 때 차분하게 천천히, 서두르지 않는 것이라는 생각이 들었다. 마지막까지 정말 마지막처럼. 나는 친한 친구들에게 말한다. 성공담을 가득 안고 있는 돼지엄마보다 실패담을 잘 전달해 주는 친구 엄마를 만나 봐야 한다고. 지나 보니 아이들이 겪었던 좋은 일, 나쁜 일 다 괜찮다고. 우리가 든든하게 서 있으면 아이들은 조금 돌아가더라도 제 갈 길을 가더라고. 잘 기다려 주자고. 그리고 바람에 자주 흔들리지만 부러지지 않고 심지는 단단해서 썩지 않는 나무가 되었으면 싶다. 나는 무엇이든 우리 가족들과 함께 즐기면서 살기를 희망한다. 내가 행복해야 아이도 행복하기 때문에.

아이들은 길어도 10년이면 심리적으로 내 곁을 떠날 준비를 할 것이다. 그렇다면 나도 조금씩 변신을 준비해야겠다. 이제는 아이들의 엄마에서 벗어나 니체처럼 보들레르처럼 무언가에 취해서 살고 싶다. 그것이 시나 소설이든 그림이나 조각이든 또는 사진이나 영화든. 그냥 보기만 하지 말고 도전해 보는 삶이 되었으면 좋겠다. 이 세상 누구나 생활인이고 예술가이니까.

취해라.

항상 취해 있어야 한다. 모든 게 거기에 있다. 그것이 유일한 문제다. 당신이 어깨를 무너지게 하여 당신을 땅 쪽으로 꼬부라지게 하는 가증스러운 '시간'의 무게를 느끼지 않기 위해서 당신은 쉴 새 없이 취해 있어야 한다.

그러나 무엇에 취한다? 술이든, 시든, 덕이든, 그 어느 것이든 당신 마음대로이다. 그러나 어쨌든 취해라. (『파리의 우울』 샤를 피에르 보들레르)

6

원한다면
해피엔딩

안성신

다른 아이들은 계속 달리고 있으니까

학원 갈 시간이 다 됐는데 일부러 그러는 건지, 보란 듯이 아들은 일어나지 않는다.

"학원 갈 시간 다 됐어. 일어나서 준비해!" 계속 주무신다. "일어나서 준비하라구!" 여전히 못 들은 척 꿈쩍도 하지 않는다.

"야! 일어나라구!" 나에게선 아이유의 삼단 고음이 터져나온다. 그제서야 마지못해 일어나서 하는 아들의 첫 마디. "나 학원 끊을래."

올 것이 왔구나. 또 시작이군. 아직 한참 놀고 싶을 나이에 하루종일 빡빡하게 학원 스케줄을 소화하다 보면 분기별로 이런 순간이 찾아온다.

"일단 끊더라도 이달 말까지는 다니고 끊자."

"싫어, 안 가!"

또 한 번 전쟁이다. 그리고 항복. 다시 학원 쇼핑에 나선다. 애도 지겹고 나도 지겹다. 그래도 맘 놓고 놀게 할 순 없다. 며칠 쉬게 하고 슬슬 또 시동을 걸어 본다.

"누구누구도 거기 다닌대. 같이 갈래?"

친구 좋아하는 우리 아들 달래기에는 이만한 방법이 없다. 일단

가 보고 맘에 안 들면 그날로 그만두면 된다고 안심시킨다.

"그냥 하루 갔다가 선생님이랑 학원 분위기가 맘에 들지 않으면 바로 그만두면 돼. 그러니까 한번 가 보자." 그래, 일단 보내는 게 중요하니까 하루 가 보고 설마 바로 그만두겠어? 이래저래 알아본 학원에 보내 놓고 초조하게 기다린다. 학원에서 나온 아이에게 최대한 인자한 엄마 미소를 띠며 묻는다.

"어땠어? 막상 가 보니까 괜찮았지?"

"아니, 너무 싫었어. 안 다녀! 선생님한테서 담배 냄새나!"

젠장, 선생이라면서 담배를 피웠으면 향수라도 뿌리고 들어갈 것이지. 학원에 전화를 건다.

"너무 죄송한데요, 우리 애가 선생님이 맘에 안 드나 봐요. 좀 외모도 단정하고 아이들한테 자상하신 선생님 없을까요?"

"아, 예. 어머니, 그 선생님 좋으신데 맘에 안 들었나 봐요. 그 시간에 ○○선생님 계신데 다정하신 편이에요. 꼼꼼하시고요. 그 선생님 시간으로 보내시겠어요?"

"아, 정말 감사합니다. 그럴게요."

이번엔 괜찮겠지. 다음 날, 다시 학원을 마친 아이가 차에 타자마자 묻는다.

"그 선생님은 어땠어?"

"너무 말이 느리고 지루해. 안 다녀."

'그래, 넌 그냥 다니기 싫은 거구나. 그런 거지?'

"아니, 또 왜? 그 선생님 좋다고 그러던데. 한 번 더 가보고 결정해. 엄마 다시 전화하기 싫단 말이야."

"싫어, 안 가!"

정말 죽기보다 싫지만 전화해서 환불받고 다른 학원으로 가는 수밖에. 나도 양심상 세 번은 바꿔 달란 소리 못하겠다. 학원이 무슨 결혼 정보회사도 아니고 준수한 외모에 자상한 성격, 거기다 이제는 좀 웃기고 재밌기까지 한 선생님 없냐는 소리를 어떻게 하겠어. 암, 못하지.

"선생님, 정말 죄송하지만, 저희 아이가 또 수업이 잘 안 맞았나 봐요. 일단 스케줄이 맞는 선생님이 더 안 계시니 환불하고 아이랑 좀 더 얘기해 본 후에 연락드릴게요. 신경 써 주셨는데 정말 정말 죄송합니다."

"아, 예, 괜찮습니다. 환불해 드릴게요."

괜찮다는데, 목소리는 너무 안 괜찮다. 전화를 받고 있는 상담 선생님의 떨리는 동공이 눈앞에 선하다. 그래도 어쩔 수 없지. 내가 한번 진상되는 수밖에. 플랜B로 예약해 놓은 학원에 레벨 테스트를 다시 신청한다. 플랜B였던 학원에서 수업을 마치고 나서야 아이는 그곳의 선생님과 시스템 모두 맘에 든다고 한다. 드디어 오케이 사인이 떨어진 거다. 기쁘기도 했지만 한숨 돌리고 나니 여러 가지 생각이 들었다. 난 왜 아이와 더 충분히 얘기를 나누고 아이가 학원에 다시 가고 싶다고 할 때까지 기다려 주지 못 했을까? 하루가 멀게 선생님을 바꿔치기해 가며 다음 학원을 찾았을까? 답은 심플했다. 다른 애들은 계속 달리고 있으니까. 쉬지 않고 달리지 않으면 뒤처질 거라는 불안 때문이었다.

나는 엄마인가? 매니저인가? 라이더인가?

학원이 정해지면 이제 나는 열심히 일주일에 두세 번 잠실에서 대치동으로 아이를 실어 날라야 한다. 어르고 달래면서 대치동 학원으로 쉴 새 없이 오가다 보면, 인간 존재의 이유를 묻게 되는 순간이 온다. 나는 도대체 누구란 말인가? 나는 엄마인가? 매니저인가? 라이더인가? 한없이 자유로운 영혼이었던 과거의 나는 어디에 있단 말인가? 내 실존에 대한 물음은 잠실과 대치동을 오가는 몇 번의 라이드에서 오는 것이 아니다. 환불과 등록을 반복하는 몇 번의 진상 짓에서 비롯되는 것도 아니다.

학원을 데려다주는 길, 횡단보도 앞에서 차를 세운다. 대치동 학원가 앞 뻥 뚫린 지평선으로 노을이 지고 있다. 쓸데없이 아름답다. 그 아름다운 저녁 빛을 배경으로 무거운 가방을 든 수백 명의 아이들이 지나가고 있다. 차 안에는 가슴을 후벼 파는 발라드가 깔리고 노을 색을 입고 지나가는 아이들의 모습이 슬로우 비디오처럼 보인다. 뒷좌석을 돌아보면 아직도 애기 얼굴을 한 내 아들이 피곤에 지쳐 자고 있다. 이런 순간들이 여러 번 지나간다. 몇 시간씩 학원과 아이 얘기로 수다를 떨고 집에 돌아오다 허탈함에 가슴이 내려앉는 순간도 여러 번 지나간다. 아이 교육에 완벽한 것만 같은 엄마의 일장 연설을 듣고 있다가 유체 이탈을 경험하는 순간이 여러 번 지나간다. 매일매일 비슷하고 지루한 하루하루가 하염없이 지나간다. 이런 모든 순간들이 켜켜이 쌓이면서 결국 나는 어울리지도 않게 '나는 누구인가'를 묻고 있었다.

에리히 프롬의 『사랑의 기술』을 보면 부모들이 자기 자신의 문제를 아이들에게 투사하며 이 투사는 흔히 자식에 대한 소망과 관련해서 일어난다고 한다. 자신의 삶에 특별한 의미가 없다고 느낄 때 자식들을 통해 삶의 의미를 느끼려고 한다는 것이다. 강남의 많은 엄마들이 아이 위주의 삶을 살면서 자신의 실존에 회의를 품다가도, 아이들의 성공을 통해 또는 성공을 위해 최선을 다하고 있다는 자기 최면을 통해 다시 인생의 의미를 찾으려고 하는 것과 같은 맥락이 아닐까. 하지만 이러한 시도는 자신의 내면에 있어서나 자식들의 성공에 있어서 반드시 실패하기 마련이라고 에리히 프롬은 지적한다. 실존의 문제는 각자에 의해 스스로의 힘으로만 해결될 수 있고 남이 대신 해결해 줄 수 없기 때문이라는 것이다. 그러니 나는 이 문제를 해결하기 위해서라도 나만을 위한 무언가를 시도해야만 했다.

학창 시절, 한 반에 다양한 친구들이 모여 하루 종일 많은 시간을 함께 보냈다. 그중 가장 '극혐'이라 아직도 생각나는 한 아이, 쉬는 시간마다 "너희들 조용히 안 해! 공부해야 하니까 조용히 좀 하라구!" 소리 지르며 아이들을 윽박질렀던 인간이다.

저 고지식함, 남의 자유를 마구 짓밟는 무식함. 그런데 더 충격적인 건 노력에 비해 성적도 별로였던 그 짠함이란. 쉬는 시간에만 공부하고 집에 가서는 잤던 거니? 아니, 공부를 할 거면 집에 가서 하든지, 쉬는 시간은 엄연히 우리에게 주어진 유일한 자유의 시간이건만 그 시간에 공부를 한다고 설쳐대면서 다른 친구들의 놀 권리를 방해했는지, 지금 생각해도 짜증이 올라온다. 왜 그 친구는 쉬는 시간에도 책을 놓지 못했을까? 그건 아마 공부가 되든 안되든 책을 놓고 있으면 불안해서가 아니었을까? 쉬는 시간에도 공부하겠다고 다른 애들 노는 꼴을 못 보던 그 아이는 다 커서도 여전히 그 고지식함과 용감함을 가장한 무식을 장착한 채 아파트 단지마다 있는 '오지라퍼'로서 화려한 컴백을 하게 된다.

타인 지향적 진상, 그녀의 이름 '불안 유발자'

"누구 엄마, 누구 뭐 안 시켜? 이렇게 놀리면 나중에 따라가기 힘들어! 그리고 이것도 시켜야 하고 저것도 시켜야 하고…… 어쩌 고저쩌고……."

그래, 쉬는 시간에 노는 우리에게 소리를 질러대던 그 친구는 엄마들 모임에서 꽤 자주 볼 수 있는 유형의 '불안 유발자'! 자기 애 노는 꼴 못 보는 것도 모자라서 다른 애 노는 꼴까지 못 본다. 왜? 다른 애들이 놀면 자기 집 착한 애가 '쟤는 노는데 왜 나는 놀면 안 되냐'고 눈을 똑바로 뜨고 반항을 할지도 모르니까. 누군가 조금 자 유롭게 아이를 키울라치면 저 집 엄마는 애들 관리를 안 한다면서 고등학교 때 하던 밉상 짓을 꾸준히 이어 가는 것이다.

그런 행동의 이면에는 무엇이 있을까? 그건 아마 주체할 수 없 는 불안감이 아닐까. 자기 마음속에 불안감을 마구마구 전염시키고 다니는 거다. 내 아이가 뒤처지면 어쩌지? 내 아이가 놀 때 다른 아이들은 계속 앞질러 나갈 텐데. 그러니 아이가 아무것도 안 하고 있거나 쉬고 있으면 마음이 초조해진다. 내 아이가 다른 아이들은 노는데 나는 왜 못 노느냐고 불평하지 않을 정도로만 다른 애들도 함께 고생했으면 좋겠는데 그렇다고 내 아이를 앞서는 건 죽기보다 싫으니 동네 아이들이 어느 정도 선행을 했는지, 학원에서는 어떤 레벨인지, 이번 시험은 몇 점을 받았는지, 집은 잘 사는지 타인의 삶에 끊임없는 관심을 갖는다.

대부분 아파트에 거주하며 비슷비슷한 환경에서 사는 강남의 경우 타인과 구별되는 우월함을 드러내기 위해서는 아이의 성적이 중요한 요소가 될 수밖에 없다. 소문은 거의 LTE급으로 퍼지기 때문에 누구네 집 애가 공부를 잘하는지 못하는지 파악하는 것은 식은 죽 먹기다. 공부를 못하는 애 엄마는 기가 죽고 또 잘하는 애 엄마는 일 년 내내 유행 지난 '파워 숄더'를 장착할 수 있다. 이러니 대한민국에서, 거기다 학구열이 가장 높다는 지역에서 엄마로 사는 건 꽤 피곤할 일이 아닐 수 없다. 그 와중에 정체성의 혼란까지 겪는다면 거의 재난에 가깝다.

이런 환경에서 살다 보면 나도 모르게 소신 있게 아이를 키우려던 마음은 작아지고, 점점 동네 엄마들과 비슷한 모습으로 변해 간다. 사실 소신이 있었는지도 모르겠다. 다들 작정하고 엄마가 된 것이 아니니, 제대로 된 소신을 가진 엄마가 얼마나 되랴. 삼삼오오 모여서 얘기하다 보면 다들 다른 엄마들 때문에 힘들다, 저 엄마 너무 극성이다 하며 내가 아닌 '그 극성 엄마'의 피해자임을 하소연하지만, 피해자만 있을 뿐 가해자는 만나 본 적이 없다. 정작 가해자로 지목되는 엄마조차도 본인만은 그 사실을 깨닫지 못한 채 또 다른 엄마들과의 고충을 이야기한다. 왜일까? 그건 바로 우리 모두 피해자이면서 가해자이기 때문이 아닐까. 그리고 식스센스 급의 소름 돋는 반전! 그건 바로 내 안에도 불안 유발자의 바이러스가 몸속 곳곳까지 퍼져 있다는 사실이다.

데이비드 리스먼은 『고독한 군중』에서 현대인을 타인 지향적인 인간군으로 분류하면서 현대인들은 부모로부터 명확한 사회관과 자아관을 물려받지 못했기 때문에 부모들은 점점 자신을 잃고 자녀를 어떻게 키울까 하는 문제로 고심하게 된다고 했다. 그래서 다른 동시대인들로부터 조언을 구하려 하거나 매스미디어에서 해답을 찾으려고 하다 보니, 대개 그들은 육아 문제에 불안을 느낀 나머지 자녀들에게 자기들이 남에게 의존해서 그들을 키울 수밖에 없다는 사실을 드러내게 된다고 말한다. 따라서 이 부모의 불안은 아이들에게 고스란히 보편적 감정으로 자리 잡게 된다는 것이다. 따라서 현대의 타인 지향적 아이들이 부모로부터 배우는 것은 바로 불안감이며 그 불안감이 타인 지향적 적응 방식에 알맞은 정서적 기분이라는 것이다. 그래서였을까? 나 역시 빽빽한 아파트 단지에서 불안감을 껴안은 채 이 엄마 저 엄마한테 물어 가며 근본 없는(!) 아이 교육을 했던 것 같다.

오은영의 교육상담 프로그램을 본 후 게임에 관한 이런저런 지침을 아이와 함께 정해 놓고도 정작 내가 친구와 통화를 하거나 무언가 하고 있을 때 아이가 방해를 하면 게임을 하도록 권하기까지 했다. 아이가 놀고 싶다고 학원을 안 가겠다고 하면 좋은 엄마 모드가 발동해서 그러라고 하다가도 엄마들 모임에서 "자꾸 그렇게 하면 애가 버릇 나빠진다"며 예외를 두지 말라는 말을 듣고 오면 갑자기 강경한 태도를 보일 때도 있었다. 다행인지 불행인지 내 아이의 성향은 엄마의 변덕에 좌지우지되지 않았다. 학원이든 놀이든 본인이 원하지 않으면 절대 안 하겠다고 버텼고 자기 맘에 들면 열심히 해냈다. 내 마음대로 무언가를 정해서 보내려고 할 때마다 내 아이는 자기 의사를 물어보지 않고 정했다며 정색을 했다. 몇 번 그런 일이 있다 보니 나는 꼭 아이 의사를 물어보고 함께 의논한 뒤 무언가를 결정할 수밖에 없었다. 그러면서도 내 방식이 맞는 건지에 대한 의구심과 자책감은 커져만 갔고, 엄마라는 타이틀이 버겁게만 느껴졌다. 아이와 나를 분리하지 못했고 아이의 조그만 괴로움까지 고스란히 나에게로 전해졌다. 그리고 거기에서 오는 나의 불안감은 다시 아이에게로 되돌아가고 있었다. 외동인 우리 아들은 그래서 인지 나의 표정 하나 말투 하나까지 민감하게 캐치해 냈다. 내 목소리가 조금만 짜증스러워도 아들의 기분은 금방 가라앉았다. 유치원 선생님 톤으로 예쁘게 말해야 아이는 안심하고 좋아했다. 이쯤 되면 이 전염성 강한 불안감을 어느 정도 잠재우고 아이에게 든든한 버팀목이 될 수 있는 엄마로서의 재탄생이 시급했다. 내가 이 불안과 공허의 실체를 찾아야 아이에게 덜 기대하고 건강한 분리를 해낼 수 있을 것 같았다. 그래서 나는 시작했다. 나를 찾는 여행을.

나만의 19호실을 찾아서

내가 아이를 키우면서 가장 신경 썼던 부분은 친구 관계이다. 외동인 우리 아들은 유난히 친구들을 좋아했고, 나는 혹시라도 아이가 형제 없이 외로울까, 같이 놀고 싶은 친구가 있으면 마다하지 않고 우리 집으로 줄곧 데리고 오게 했다. 내 아이와 노는 친구들이야말로 나를 잠시나마 자유롭게 해 주는 진정한 육아 도우미라고 생각해서 VIP로 극진히 대접했다. 그래서 우리 집은 언제나 아이들로 가득 차 있었고, 친구들까지 챙겨 먹이느라 우리 애가 하난지 여럿인지 모를 지경에 이르렀다. 한 동생은 나에게 '잠실의 마더 테레사'냐며 우스갯소리를 한 적도 있다. 하지만 아들은 끊임없이 친구들과 놀고 싶어 했고, 또 다른 집에는 잘 가려고 하지 않았으니 매일 우리 집에 바글바글 모여 있을 수밖에 없었다.

아이들이 가고 나서도 우리 아이는 여전히 놀고 싶어 했다. 그럴 때 아이의 친구는 당연히 나였다. 나는 최선을 다해서 놀아 줬다. 아이가 권투를 하자면 했다. 꽤 커져서 한 방 맞으면 눈물이 찔끔 날 때도 같이 한판 붙어 줬다. 단지 내 축구장에서 함께 축구하는 모습도 다른 엄마들한테 여러 번 들켰다. 거기다 엄마는 왜 그렇게 축구를 못하냐며 호통 치는 아들의 목소리는 거의 아파트 안내 방송 수준으로 컸으니 센 언니 캐릭터는 얼마 못 가 아들한테 꼼짝 못 하는 허당 언니로 전락했다. 미국으로 두 달 동안 여름 캠프를 갔을 때도 수영장에서 다른 엄마들이 우아하게 선베드에 누워 아이들을 감독할 때 나는 아이와 함께 수영 시합과 싱크로나이즈드 스위밍을 번갈아 해댔다. 지금 생각해도 싱크로나이즈드 스위밍은 선을 넘었다. 한 외국인 엄마가 내게 와서 물었다.

"엄마예요? 보모예요?"

대치동에 가면 니 새끼가 뭐라도 될 줄 알았지?

나는 그 모든 순간 진정으로 행복했고 태어나 단 한 번도 경험하지 못한 조건 없는 사랑, 주기만 해도 아깝지 않은 사랑을 아이를 통해 경험할 수 있었다. 하지만······.

도리스 레싱의 소설 『19호실로 가다』의 주인공 수잔은 천사 같은 아이들과 완벽하게 꾸며진 아름다운 정원이 딸린 집에 사는 중산층의 지성을 갖춘 여성이다. 남들 눈에 그녀는 완벽한 인생을 사는 것처럼 보이지만, 아이들이 이전에는 알지 못했던 기쁨과 행복을 주기는 해도 그것이 삶의 목적이나 존재의 이유가 될 수는 없음을 이야기하고 있다.

나는 왠지 모를 공허함과 불안에 대해 스스로 답을 찾기를 원했다. 엄마들과 모여서 함께 고충도 얘기하고 서로 상담도 해 주었지만, 왠지 타인을 내 감정의 쓰레기통으로 만들고 나면 기분이 썩 좋지 않았다. 그래서 나는 책을 읽고 거기서 해답을 찾는 것이 좋았다. 책 안에는 내가 듣고 싶은 위로가 있었고 나와 신기할 정도로 같은 감정을 느끼는 등장인물이 살아 숨 쉬고 있었다. 위대한 철학자와 심리학자들은 내가 가진 거의 모든 문제에 대한 성찰과 해답을 이미 제시했다. 마음에 와닿는 모든 문장들에 줄을 그으며 책 속에서 안식을 찾으려 했다. 마음이 답답할 때는 서점에 가서 이 책 저 책을 뒤지다가 내게 위로가 될 만한 책을 사서 집으로 돌아왔다.

그중에서도 『19호실로 가다』의 주인공 수잔은 나에게 커다란 연민과 공감을 불러일으켰다. 수잔은 아이 셋을 두고 온전히 혼자가 되기 위해 한 호텔의 19호실을 자신의 은신처로 삼고 주기적으로 방문해 아무것도 하지 않고 몇 시간씩을 보내기 시작한다.

충분히 쉬고 나면 의자에서 일어나 창가로 가서 양팔을 쭉 뻗고 미소를 지으며 밖을 내다보았다. 익명의 존재가 된 이 순간이 귀중했다. (『19호실로 가다』 도리스 레싱)

나 역시도 나만의 공간, 나만의 시간, 내가 즐기고 좋아하는 것을 할 시간이 필요했다. 나는 사춘기 때도 겪지 않던 또 다른 나의 자아, '엄마'라는 정체성에 혼란을 느꼈고 나 자신을 잃어 가는 느낌에 방황했다.

고요와 고독의 도피처가 아닌 연대와 공감의 방으로

나는 엄마라는 일상에서 벗어나기 위해 무언가를 해야겠다는 생각에 자주 사로잡혔다. 그러던 어느 날 마치 운명처럼 신문에서 대치도서관의 독서동아리 기사를 보게 되었다. 독서 토론을 하는 사람들은 어떤 사람들일까? 무슨 얘기를 나눌까?

내가 매일 어울리는 이들과 다른 사람들을 만나 보고 싶은 호기심, 아이 이야기가 아닌 나만의 얘기를 나눠 보고 싶다는 절박함, 그리고 매일 반복되는 일상의 감옥에서 벗어나고 싶다는 간절함이 나를 그곳으로 이끌었다. 그 시절 무엇보다 나를 괴롭힌 것은 권태였다. 일상의 의미 없음이었다. 몸은 피곤하고 바빴지만 매일 비슷한 하루는 나를 권태의 늪에 빠뜨렸다. 주변을 둘러보면 많은 엄마들이 이 권태에서 벗어나고자 술을 마시거나 쇼핑에 빠지고, 아이에게 지나치기 집착하기도 했다. 이 모든 것들은 아주 잠시 공허감을 잊게 해 주는 진통제에 지나지 않는다. 진통제의 약효가 떨어지면 허탈감과 권태는 다시 찾아오기 때문이었다.

나는 즉시 같은 동네에 사는 친구에게 독서 토론 모임에 함께 가자고 제안했다. 아이를 통해 만난 친구였지만, 어쩐 일인지 이 친구와는 함께 있어도 아이 이야기로 시간을 보내거나 알게 모르게 경쟁하지도 않았다. 한마디로 휴식과 같은 친구였다. 우리는 결국 몇 달 고민 끝에 함께 독서 토론 모임에 가게 되었다.

그렇게 가게 된 그곳은 충격 그 자체였다. 세상에 이렇게 재미없는 책을 읽고 이렇게 재밌게 얘기를 나누고 있다니. 수년간의 육아

공백으로 무식해질 대로 무식해진 나에게는 신선함을 안겨 주기에 충분했고 처음 들어보는 이 지식인들의 대화에 나는 약간 감동했던 것 같다. 그리고 그 어려운 책을 두고 오고 가는 대화에 어안이 벙벙하던 찰나 관장님께서 말씀하셨다.

"안성신 선생님도 할 수 있어요. 열심히 안 해도, 꾸준히만 하면 돼요." 관장님은 그때를 기억하고 계실지 모르겠지만 그때 그 말이 나에게는 너무 기분 좋은 힘이 되었다. 매일 아이에 관해서만 잘 할 수 있는지 없는지 고민했던 나에게 관장님의 한마디는 마치 '네 삶의 주인공은 아직 너야'라고 말 해주는 것처럼 들렸기 때문이다.

그 말에 용기를 얻어서였을까, 아니면 하나의 문이 열리면 다른 문도 열린다고 했던가? 독서 모임도 모자라 우리는 거기서 알게 된 언니의 소개로 철학 수업까지 함께 듣기 시작했다. 나에게도 19호실에 이어 20호실까지 생긴 것이다. 그 누구의 엄마도, 아내도, 자식도, 며느리도 아닌, 나 자신으로 존재할 수 있는 공간 말이다.

수잔이 도피처로 고요와 고독을 택했다면 나는 연대와 공감의 방을 택했다. 내 생각을 나누면서 점차 예전의 나를 찾기 시작했고, 철학 수업을 들으면서 내가 가지고 있는 불안과 공허의 그림자에 대한 해답을 찾아갔다. 하이데거를 강의하셨던 철학 선생님은 왜 인간이 스스로 본연의 모습으로 살 수 없는가에 대해 물었다. 누군가는 남의 눈을 의식해서라고 했고, 또 누군가는 용기가 없어서라고도 했다. 나 역시 단 한 번도 생각해 보지 못한 질문이었기에 조급한 마음으로 선생님의 답을 기다렸다. 선생님은 천천히 입을 여셨다.

"우리는 다양한 경험을 통해 우리 존재의 본모습에 대해 알게 됩니다. 우리가 무엇을 좋아하는지, 우리가 어떨 때 행복한지, 무엇이 우리를 고통스럽게 하는지. 하지만 우리 인간은 스스로의 본모습을 알 수 있을 만큼의 충분한 경험을 하지 못하고 있기 때문에 원하는 본인의 모습으로 살 수 없는 거죠."

정말 무릎을 탁 치게 만드는 얘기가 아닌가? 교육을 받고, 여행을 하고, 사람을 만나고, 각종 음식을 맛보고, 영화를 보고, 예술을 감상하는 등등의 여러 경험을 통해 우리는 나 자신이 어떤 사람인지 알게 되는 것이다. 하지만 우리는 오랜 시간 사회에서 기능인으로만 존재하고 자기 본연의 모습으로 존재하지 못해 불안과 공허감에 사로잡히게 된다. 결국 인생은 많은 경험을 통해 나 자신을 알아 가는 여행인 것이다.

아, 그렇구나. 82년생 김지영도, 19호실의 수잔도, 그리고 나도, 너무 오랫동안 엄마라는 기능을 가진 사람으로만 존재했구나. 반복되는 일상에 매몰되고 모성애의 신화에 갇혀 나 자신을 알아 가는 여행을 멈춘 지가 너무 오래되어 버렸구나. 그래서 가슴이 답답하고 허탈해질 때가 많았던 거구나. 이유를 알게 된 것만으로도 내 마음의 구멍에 비가 내리고 흙이 흘러드는 것만 같았다.

완벽한 순간을 향해 달릴 때
최고의 순간은 이미 지나가고 있다

19호실의 수잔은 유일하게 그녀 자신으로 존재할 수 있는 공간마저 남편에게 침범받자 그곳에서 죽음을 준비한다. 영원한 휴식을 택한 것이다. 하지만 나는 책을 읽고 얘기를 나누고 수업을 들으면서 서서히 에너지를 회복했고 그러자 일상은 견딜 만한 것으로 바뀌었다.

책을 읽는 것은 하나의 특별한 일상이 되었다. 나에게도 해야 할 의미 있는 일이 생긴 것이다. 혼자 책을 읽으며 고개를 끄덕이는 시간도 좋았지만, 책을 읽고 공부하고 이야기를 나누는 것으로 귀결되는 과정은 일련의 성스러움마저 느껴지는 의식이 되었다. 함께 이야기를 나누어야 했기에 좀 더 꼼꼼히 읽어 내려갔고 함께 나누고 싶은 주제들을 생각하기도 했다. 새로운 일을 시작하는 기쁨을 알게 된 나는 하고 싶은 일들이 점점 늘어 갔다. 요가도 시작했고 그림도 그리기 시작했다. 나이가 들어도 엄마가 되어도 무엇이든 시작할 수 있다는 생각에 다시 활기를 되찾았고 공허와 권태감은 서서히 줄어들고 있었다.

그리고 책을 통해 생각이 자라기 시작했다. 그것은 눈에 잘 보이지 않지만, 어느 순간 활짝 피는 나무의 잎사귀들과 같았다. 조금씩 성장하는 나의 모습을 지켜보는 것은 아이의 성장을 보는 것만큼이나 큰 기쁨이었다. 성장하는 과정에서 나만의 삶에 대한 가치와 철학이 생기기 시작했다. 잠시 불편한 감정을 외면하게 해 주던 중독적인 것들로부터 벗어나 오롯이 내 마음을 바라볼 수 있는 활동들로 나의 일상을 채워 갔다. 그건 마치 진통제 없이 감기를 견뎌 내며 면역을 키우는 일과 같았다. 이렇게 감정의 면역력이 높아지자 나의 불안하고 일관성 없던 교육관이 흔들리는 횟수도 잦아들었다. 내가 덜 불안해하니 아이도 안정되었고 서로 싸우는 일도 줄어들었다.

내 생각은 옳았고, 지금도 옳고, 또 언제나 옳다. (『이방인』 카뮈)

독서 토론을 통해 많은 책을 접하면서 나름대로 삶의 방향을 찾아가던 나에게 가장 큰 감동을 준 것은 실존주의 철학이다. 그즈음 실존의 의미를 찾고 있었으니 귀가 솔깃할 수밖에 없었다.

아이에게 최상의 미래를 선사하려고 현재의 자신과 아이를 희생시키며 명문대라는 목표를 향해 달리고 있지만 사실 우리가 믿는 그 완벽한 순간 따위는 존재하지 않는다. 명문대에 들어가면 또 좋은 직장이라는 목표를 향해, 좋은 직장을 가진 후에는 자식의 미래를 위해, 다음은 완벽한 노후 준비를 향해 달려야 할지도 모른다. 따라서 확실한 최고의 순간은 바로 지금 이 순간뿐인 것이다. 우리는 세상에 무방비한 상태로 던져진 수동적인 존재이지만 다시 운명에게 '기투企投'할 수 있는 존재라는 실존주의 철학의 메시지는 삶을 완전히 다른 방법으로 바라볼 수 있게 해 주었다. 비록 이 극성스런 강남에서 아이를 키우고 있지만, 나의 의지로 얼마든지 다른 선택을 할 수 있으며 나와 내 아이의 행복을 스스로 결정할 수 있다는 자각이었다. 스스로 운명을 선택하고 내 인생의 주도권을 갖고 사는 것이야말로 가장 가치 있는 일이며, 또한 아무것도 중요하지 않기에 매 순간이 소중하다는 깨달음은 나에게 파도와도 같은 감동을 주었다. 아이를 입시의 도구로만 키울 때 우리는 아이의 모든 잠재성을 죽이게 된다. 우리가 완벽한 순간을 향해 달릴 때 최고의 순간은 이미 지나가고 있다.

실존주의 철학을 알기 전에 읽은 카뮈의 『이방인』은 나에게 웬

사이코의 넋두리로만 들렸다. 하지만 실존주의 철학을 조금이나마 이해하고 읽었을 때의 감동이란 마치 득도의 순간을 경험하는 것과 같았다. 세상에, 삶을 이렇게 바라볼 수도 있다니, 아, 멋있다. 나도 이렇게 살고 싶어.

죽음을 앞둔 주인공 뫼르소는 더 좋은 직장으로 옮기지 않았던 일, 여자 친구에게 사랑하지는 않지만 결혼하겠다고 말한 일, 엄마를 요양원에 보낸 일, 자신을 더 변호하고 죽음을 면할 수도 있었던 일 등에 대해 후회하거나 뒤돌아보지 않는다. 그가 마지막까지 추억하며 벅차했던 것은 햇볕의 반짝임, 물결의 일렁임, 여름날의 바람, 여자친구의 웃음과 옷차림 등 사소하고 부질없는 삶의 순간들이었다.

죽음을 선택한 그에게 사제가 찾아와 기도해 주겠다고 하자 그는 분통을 터뜨리면서 욕설을 퍼붓는다.

그의 신념이란 건 모두 여자의 머리카락 한 올만 한 가치도 없어. 그는 죽은 사람처럼 살고 있으니, 살아 있다는 것에 대한 확신조차 그에게는 없지 않느냐? 보기에는 내가 맨주먹 같을지 모르나 나에게는 확신이 있어. 나 자신에 대한, 모든 것에 대한 확신, 그보다 더한 확신이 있어. 나의 인생과 닥쳐올 죽음에 대한 확신이 있어. 그렇다. 나에게는 이것밖에 없다. 그러나 적어도 나는 이 진리를 그것이 나를 붙들고 놓지 않는 것과 마찬가지로 굳게 붙들고 있다. 내 생각은 옳았고, 지금도 옳고, 또 언제나 옳다. (『이방인』 카뮈)

내 의지와 확신으로 사는 삶만이 진정 살아 있는 삶이다. 타인에 의해 움직이는 삶, 남들이 하니 나도 하는 삶, 엄마의 욕심에 희생되는 아이들의 삶. 그건 살아도 죽은 것과 같은 삶이 아니겠는가?

아이 인생의 결정권은 아이에게

『이방인』의 감동이 채 가시기도 전에 나는 고등학교 진학 문제로 아이와 몇날 며칠 신경전을 벌이고 있었다. 나는 아이가 자사고에 가길 바랐고, 아이는 집 근처 일반고에 가겠다고 우겨댔다. 몇몇 엄마들은 이런 중대한 문제를 아이에게만 맡기면 안 된다, 아이가 나중에 원망할 수도 있고 지금은 판단력이 부족하니 엄마가 강하게 밀어붙여야 한다고 했다. 하지만 인생의 가장 중요한 순간을 본인이 선택할 수 없다면 그건 뫼르소가 분통을 터트린 사제의 인생과 무엇이 다르단 말인가? 그래도 나는 여전히 갈등했다. 하지만 아이의 한마디에 나는 내 아들이 자랑스러워지면서 내 아들이 자신의 삶을 잘 선택하고 살아가리라는 생각이 들었다.

"엄마, 나는 다른 사람의 선택을 못 믿겠어. 나는 내 결정만 믿어. 나는 내가 알아서 할 테니 엄마는 엄마 노후 준비나 잘해!"

아니, 이것은 나에게 무한 감동을 주었던 뫼르소의 대사 아니던가? 예전에 아이가 이런 말을 했다면 자기 확신과 의지의 가치를 모르던 나는 사생결단하고 내 의견을 아이에게 관철시키려 했을 것이다. 그것도 나에게 어떤 신념이 있어서가 아니라 어디서 또 무슨 소리인가를 듣고 와서였을 것이다. 하지만 내 불안의 근원을 찾는 여행에서 나는 희미하게나마 그 실체를 알아냈고, 이제 아이의 의견에 귀 기울일 수 있게 되었다. 더구나 내 아이는 나에게 뫼르소처럼 박력 넘치게 자신이 자신 삶의 주체가 되겠다고 말하고 있지 않은가? 내 아이는 내가 생각한 것보다 훨씬 더 성장해 있었고 자신의 미래와 결정에 대한 확신이 있었다. 나는 그 길로 컨설팅을 취소했고 결국 우리 아이는 본인이 원하는 일반고에 입학해 즐겁게 학교생활을 하고 있다. 그리고 자신의 선택이 옳았다는 것을 증명이라도 하려는 듯 열심히 공부하고 있다. 그래서 우리는 싸우지 않고 잘 지낸다. (이것보다 중요한 게 있을까?) 입학 후에도 나는 못나게 "너 혹시 막상 일반고 와 보니 자사고 안 간 것 후회되는 거 아냐?"라고 물은 적이 있다. 대답은 노였다!

내 허영과 욕심을 강요하느라 아이와의 소중한 시간을 다툼과 갈등의 시간으로 채우며 성인이 되기 전 마지막 아이들과의 소중한 순간들을 모두 허비해 버려서야 되겠는가. 자사고든 명문대든 본인이 원하고 그것에서 행복을 느낄 때에야 노력할 가치가 있는 것이다. 목표를 향해 열심히 노력하고 학생의 본분에 충실하며 본인의 노력으로 무언가를 성취하는 것은 인생을 살아가는 데 자신감과 믿음을 형성하는 중요한 경험이다. 하지만 그 모든 과정은 본인의 의지와 결단으로 이루어져야 하지 않을까?

내가 아들의 한마디에 쉽게 이런 결정을 내릴 수 있었던 건 그동안 알게 모르게 스며든 도서관에서의 시간들과 멋진 철학 강의로 인생의 비밀을 알려 주신 선생님 덕분이다. 책을 읽고 강의를 들으며 인생과 마음에 관해 공부한 것이 나에게 자유를 선사했다. 주관이 뚜렷해지고 나만의 가치관이 생기면서 점차 다른 사람들의 말에 덜 휘둘리게 되었고 내가 원하는 삶의 자유를 얻게 됐다. 여전히 오락가락하며 아직은 반쪽짜리 자유이긴 하지만 배우고 깨달은 게 있기에 아이가 원하는 만큼 성적이 안 올라도 최대한 교양 있게 원인을 알아내려고 나름 노력하고 있다. 그런데 아들 말로는 혼내려면 확실히 혼내고 말 거면 쿨하게 아무 말도 말 것이지 친일파같이 더 얄밉게 군다나 뭐라나. 친일파라니 아들아, 엄마는 노력하고 있단다. 친일파 엄마가 독립군 되는 그날까지 조금만 더 기다려 주렴!

　나는 아이가 행복하다고 느끼는 결정을 지지했고 불필요한 다툼으로 서로에게 상처를 남기지 않았다. 나와 내 아이의 인생은 점쟁이도 학원 상담 실장님도 옆집 엄마도 책임져 주지 않는다. 오직 자신이 선택해야 하며 스스로 한 선택에 대해서는 어떤 결과가 나오더라도 후회로 시간을 낭비해서는 안 될 것이다. 나의 모든 문제의 최종 결정권은 나에게 있어야 하고 아이 인생의 결정권 또한 마찬가지로 아이에게 있어야 한다. 우리는 그저 한 발자국 물러서서 지지해 주면 되는 것이다.

우리는 아직도 성장하는 중

　가끔 보면 태어날 때부터 엄마로 태어난 것처럼 보이는 아줌마들이 있다. 그녀들의 관심은 온통 자식 교육과 자녀의 성공이다. 그들을 보면 과연 저 엄마들도 자신들의 학창 시절을 기억할까? 하는 생각이 든다. 그 시절의 혼란과 불안, 설렘과 순수함, 실없음과 장난스러움 등등 말이다. 그리고 그들에게 묻고 싶다. "너는 학창 시절에 그렇게 완벽했니? 너는 놀고 싶지 않았어?"

카를 융은 프로이트가 신경증의 원인으로 성적인 요인만을 지목한 것에 반박하면서 체면 차리기와 일상에서의 억압 등을 신경증의 원인으로 설명하고 있다. 강남에서 우울증에 시달리는 엄마들을 보면 끊임없이 타인과 경쟁하면서 뒤처지지 않기 위해 애쓰고, 체면 차리기와 아이 교육에만 전념해야 하는 일상의 괴로움이 원인일 거라는 생각이 든다.

하지만 강남에 대한 오해 중 하나는 자식 교육에 올인하느라 스트레스 받고 우울증에 시달리는 엄마들만 있을 거라는 착각이다. 사실 사람 사는 곳은 다 똑같지 않을까 싶다. 밖에서 보이는 두드러진 한두 가지 특징만으로 그럴 것이라 짐작하지만 안으로 들어가 보면 결국 사람 사는 모습은 거의 비슷하니까 말이다.

나는 강남에서 학창 시절을 보내고 이곳에서 아직도 아이를 키우며 살고 있지만, 아이를 통해 만난 친구들 중에는 아직도 젊은 시절의 유쾌함과 솔직함 그리고 따뜻함과 약간의 똘기를 두루 겸비한 좋은 엄마들도 많이 있다. 철갑을 두르고 아이 교육에 매진하는 열성 당원 엄마들도 있지만, 나처럼 얼떨결에 갖게 된 엄마라는 타이틀에 버거워하며 좌충우돌 아이가 성장하는 속도로 천천히 성장해가는 엄마들도 있다. 나는 완벽한 사람이 아니기에 나에게 스트레스를 주는 열성 당원들은 피했으며, 나처럼 완벽하지 못한 친구들과 신세 한탄도 하고 울고 웃기도 하면서 달콤 쌉싸름한 육아의 추억을 쌓기도 했다. 가면을 벗고 만난 우리들은 아이를 통해 만났지만, 여전히 좋은 친구들로 남아 있다.

어느 날 나는 내 아이에게 "할머니, 할아버지는 엄마한테 한 번도 공부하라는 소리 안 했어. 그리고 시험 못 봤다고 혼난 적도 없고"라고 얘기해 주었다. 정말로 모든 걸 다 주셨지만, 아무것도 원하지 않은 좋은 부모님이다. 그 말을 들은 우리 아들은 "엄마도 나한테 그랬으면 좋겠어. 그래서 내가 내 힘으로 혼자 노력해서 잘 되면 정말 기분이 좋을 것 같아"라고 말했다. 맞는 소리다. 사실 엄마 말 잘 들어서 잘되면 "거 봐, 엄마 말 들으니까 잘됐어? 안됐어? 엄마 말 들으면 다 잘되는 거야. 알겠어?" 하면서 아이에게 끝까지 영향력을 행사하려 하겠지만 그럴 때마다 아이는 본인 인생의 모든 결정에서 자신을 신뢰하지 못하게 될 것이다. 나는 우리 아이가 결코 그렇게 되는 것을 바라지 않는다. 스스로 결정하고 노력한 것에 대해 보상받는 경험을 많이 하길 바란다. 나와 내 아이는 아직도 성장하는 중이고 따라서 많은 시행착오와 실수를 할 것이며 잘못된 선택을 할 때도 있을 것이다. 하지만 중요한 건 못났든 잘났든 스스로의 인생을 스스로 결정했다는 데 있다. 당연히 책임도 본인이 져야 하고 말이다. (아들아, 책임져 주기 싫어서 이런 말 하는 거 절대 아니다.)

원한다면 해피엔딩

　　세월은 정말 빨리 흘러간다. 그렇게나 혼자만의 시간을 갈망하던 때는 지나고 이제는 학교와 학원을 오가느라 바쁜 고딩 아들 얼굴 보기도 쉽지 않다. 통통한 볼의 촉감, 안기면 솔솔 풍기던 달콤한 땀 냄새, 깔깔거리던 웃음소리, 함께 축구하고 마시던 레모네이드의 맛, 셔틀버스에서 내릴 때의 햇살 같이 귀여운 얼굴이 마구 그리워지려고 한다. 이 어리바리한 엄마한테서 태어났지만, 본인의 인생은 알아서 하신다며 똘똘한 소리를 한다. 엄마는 노후 준비나 하라며 마음을 가볍게 해 줬으니 나는 그리움을 뒤로하고 오늘도 도서관이나 가야겠다. 오늘은 또 어떤 작가나 철학자가, 아니면 함께 멋진 식사를 나누는 나의 북메이트들이 나에게 최고의 순간을 선사해 줄지 모르니 말이다.

　　나는 이 입시 경쟁의 한복판에서 행복하기로 마음먹었다. 모든 것이 완벽해질 때까지 기다릴 수는 없어서 그리고 그런 순간은 없다는 것을 알아 버려서 말이다. 그냥 틈나는 대로 자주 소소한 행복한 순간을 만들기로 했다. 그러니 지금부터 나에게 주어진 모든 순간들을 아주 심각하게 음미해 볼 생각이다. 나의 실존의 의미를 찾는 여행은 시작과 동시에 여전히 끝나지 않았지만, 그 여행에서는 전에 없던 신나는 일들이 벌어지고 있다. 마치 마법과 같다. 그 마법은 내가 느끼고 있던 결핍에서 변화를 창조해 냈다.

나는 이 글을 읽는 모든 엄마들이 당장 그 여행을 시작했으면 좋겠다. 일단 시작하면 다른 세상이 펼쳐진다. 아이들에게만 넌 할 수 있다고 말하지 말자. 우리도 할 수 있다. 뭐든지 할 수는 없어도 뭐라도 할 수 있지 않을까? 시작만 하면 나에게 일어나지 않을 것 같은 일들이 조금씩 일어나고 만나질 것 같지 않았던 사람들이 하나둘씩 내 인생에 등장한다. 그 길은 아스팔트가 깔린 매일 가서 싫증이 나버린 길이 아니라 눈이 내리기도 하고 꽃잎이 흩날리거나 사과 향기가 풍겨 오기도 하는 흥미진진한 길이다. 그래서 그 길에서는 설레며 뛰기도 하고 가쁜 숨을 내쉴 때도 있을 것이다. 그리고 그럴 때마다 나는 점차 성장한다. 다시 가슴이 뛰기 시작한다. 그러니 자신을 믿고 나를 찾는 여행을 지금 바로 시작하시길!

그 여행에서 나는 '니 새끼가 뭐라도 될 줄 알았니?'라는 질문에 자신 있게 될 수 있다고 말할 수 있게 되었다. '무엇'의 정의가 달라졌기 때문이다. 그전에 나에게 '무엇'은 자식이 명문대에 들어가서 남들이 부러워하는 직업을 갖고 사는 것이었을지도 모르겠다. 하지만 이제 나에게 '무엇'은 스스로 삶의 주인공으로 당당히 살아가는 것이다. 내 아이가 선택하고 내 아이가 사랑하는 삶을 산다면 그것은 타인의 평가와는 무관하게 '뭐라도 된 삶'이라고 생각한다. 그러니 당연히 우리 아이들은 모두 뭐라도 될 수 있다. 아니, 뭐든지 될 수 있다.

타인이 인정하는 '뭐라도'가 되기 위해서 우리는 너무 많은 것을 희생하며 사는지도 모르겠다. 아이는 아이대로 엄마는 엄마대로 집까지 팔고 대치동에 들어와 나름 최선을 다했지만 좋은 결과를 얻지 못했을 때 그들의 좌절은 상당하다. 아무도 그렇게 살라고 강요한 적 없지만 우리는 철학자 라캉의 말대로 타인의 욕망을 욕망하느라 스스로를 괴롭히고 있는지도 모른다. 하지만 내 욕망에 대해서 우리는 얼마나 알고 있을까? 본인이 무엇을 원하는지 몰라서 아마도 많은 사람들이 이미 간 길을 따라 걸어가고 있는 걸지도 모른다. 나의 아이도 스스로 모든 것을 겪어 내고서야 많은 것을 깨닫겠지만 적어도 내가 원하는 '무엇'이, 타인이 욕망하는 '무엇'이 되라고 강요하지는 않을 것이다.

우리 아들이 가장 좋아하는 말 "내가 알아서 할게"를 우리 집 가훈으로 삼아야 할까 생각 중이다. 엄마들은 얘기한다. 알아서 한다고 했는데 하나도 알아서 하지 않았다고, 그러니 지금부터 더 빡세게 관리에 들어가야 한다고. 하지만 아이 나름대로 겪는 실패, 시행착오야말로 인생의 가장 큰 자산이 아닐까? 그래서 나는 한때 가장 싫어했던 우리 아들의 "알아서 할게"를 한번 통 크게 믿어 보기로 했다. 어쩜 이 말은 우리 모두가 해야 할 말인지도 모르겠다. 자신의 인생은 자기가 알아서 사는 게 정답이니까. 스스로 알아서 사는 인생이야말로 원하기만 한다면 전부 해피엔딩일 테니 말이다.

> 내가 진정으로 무엇을 뉘우치는 일이란 한 번도 없었다고 설명해 주고 싶었다. 나는 항상 앞으로 일어날 일 오늘 일 또는 내일 일에 정신이 팔려 있었던 것이다. (『이방인』카뮈)

7

대치도서관, 독서동아리로 황금 동아줄을 만들다

유순덕

나는 도서관으로 오기 전 사업을 했다. 사업을 할 때 제일 중요한 것은 도서관 장서로 치면 류, 강, 목, 즉 어떤 종류의 책을 선택하고 구입하여 이용자들에게 제공할 것인가이다. 사업도 마찬가지로 어떤 아이템을 선정하여 무엇을 만들어 팔 것인지를 결정하는 일이 중요하다. 물론 더 세부적인 요소들이 많이 있지만, 경영이라는 큰 목적에서 보면 가장 우선해야 할 부분이다. 10년 전 대치도서관 운영을 맡고 어떻게 경영해야 할지 고민하고 있을 때 누구나 상상할 수 있는 뻔한 도서관이 아닌 미래 지향적이며 차별화된 도서관을 꿈꾸었던 것 같다. 누구에게나 접근성이 좋고 도서관을 상징하는 것이 책이니 거기서 시작하기로 마음먹었다. 지금이야 국가 시책으로 개개인의 독서 활동을 사회적 독서로 지원하고 독서 문화 확산을 적극적으로 권장하지만, 그때만 해도 사회적 독서라는 개념이 널리 확산되지 않았을 때였다. 대치도서관의 선택은 독서동아리를 만드는 것이었다. 주제를 인문학으로 선택하고 꾸준히 운영한 것이 신의 한 수였던 것 같다. 이를 계기로 도서관은 크게 성장했다. 독서동아리가 결국 도서관의 황금 동아줄이 된 것이다.

대치인문독서클럽의 지난 10년의 역사를 한눈으로 볼 수 있도록 정리하였다. 대치도서관의 독서동아리 역사를 참고하면 책을 체계적으로 읽고 싶은 독자들이나 동아리를 운영해 보고 싶은 기관에

도움이 될 것이라 생각한다.

2011년

특징
- 주요 테마 : 서양철학
- 매월 첫째, 셋째 화요일, 한 달에 두 번 토론
- 철학을 주제 도서로 정함
- 1회에 주제 도서를 3~4명 발제하여 공유하고 토론하는 것을 원칙으로 함
- 1년에 주제 도서 22권 선정
- 영화 「반지의 제왕」이 플라톤의 「국가론」에 나오는 반지에서 모티브를 얻었다는 것을 알게 됨
- 독서에 도움을 주고자 간편한 독서 노트 작성 권유

순서	서명	저자	순서	서명	저자
1	감시와 처벌	미셸 푸코	13	청소년을 위한 자본론	카를 마르크스
2	소비의 사회	장 보드리야르	14	국부론	애덤 스미스
3	슬픈 열대	C. 레비스트로스	15	키케로의 의무론	키케로
4	정의란 무엇인가	마이클 샌델	16	고백론	아우구스티누스
5	술 취한 코끼리 길들이기	아잔 브라흐마	17	리바이어던	토마스 홉스
6	자유론	존 스튜어트 밀	18	방법서설	르네 데카르트
7	국가론	플라톤	19	통치론	존 로크
8	역사	헤로도토스	20	차라투스트라는 이렇게 말했다	프리드리히 니체
9	유토피아	토마스 모어	21	에밀	장 자크 루소
10	불량한 자전거 여행	김남중	22	통섭	에드워드 윌슨
11	실천이성비판	임마누엘 칸트			
12	니코마코스 윤리학	아리스토텔레스			

대치동에 가면 니 새끼가 뭐라도 될 줄 알았지?

〈독서 노트 사례―자유론〉

분류영역	100, 철학			
도서정보	서명	저자	출판사	출판연도
	자유론	존 스튜어트 밀	문예출판사	2009
키워드	개인의 자유, 개별성, 타인의 이익, 지배자와 국민, 국민의 권리, 자유의 원리			
줄거리요약	자유론은 존 스튜어트 밀이 아내 해리엇 테일러와의 대화를 통해 함께 쓴 에세이로, 인류의 복리를 위해 필수적인 개성을 갖고, 타인의 이익과 사회에 해악을 끼치지 않는 한 사상과 토론의 자유는 보장되어야 한다는 내용이다. 공공의 목적이 개인의 자유에 우선하지 않으며, 민주사회의 기본 원리를 개인의 자유와 사회 권력의 올바른 관계 속에 사상과 토론의 자유를 통해 확립된다고 주장. 오늘날에도 적용 가능한 이론으로 개인의 자유가 공공의 권력에 의해 침해 받지 않아야 한다는 논리는 현대사회에도 지지를 받는 이론이다.			

책 속 인상 깊은 내용

토론과 생각의 자유	인간이 자신의 과오를 고칠 수 있는 방법은 무엇인가?	인간은 토론과 경험에 힘입어 자신의 과오를 고칠 수 있다. 경험만으로는 부족하다. 과거의 경험을 올바르게 해석하자면 토론이 반드시 있어야 한다. 잘못된 생각과 관행은 사실과 논쟁 앞에서 점차 그 힘을 잃게 된다. 자유 토론이 없다면 단순히 그 주장의 근거만이 아니라 그 자체의 의미에 대해서도 모르게 된다.
자유와 의무	개인이 책임져야 할 의무는 어디까지인가?	우리 자신에 대한 의무라는 것은 동시에 다른 사람에 대해서도 의무가 되지 않는 이상, 사회적으로 책임져야 할 일은 아니다. 자기 자신에 대한 의무라는 말이 사려 깊음. 그 이상의 그 무엇을 의미한다면 그것은 자존심 또는 자기 발전을 뜻한다. 이런 것에 관한 한, 아무도 다른 사람에 대해 책임질 필요는 없다. 왜냐하면 그것은 인류 전체의 이익과 관계되는 것이 아니기 때문이다. 사려 깊지 못하고 인간적 존엄을 지니지 못한 탓에 어쩔 수 없이 타인들에게 제대로 대접받지 못하는 것과, 다른 사람들의 권리를 침해한 까닭에 비난을 받는 것은, 단순한 명목상의 차이 이상으로 다르다.
핵심 주제		자유

독서 노트에 전체적인 느낌을 간단하게 기록해 두면 다음에 연관된 책을 읽거나 다시 이 책의 자료가 필요할 때 유용하게 사용할 수 있다.

| 발제 |

대치도서관은 참여하는 회원 대부분이 50페이지 이내의 분량을 2~3페이지로 발제하여 전체 회원이 함께 내용을 공유한다. 2012년부터는 독서 토론 1회에 보통 6명 정도의 발제자가 있고, 한 사람이 약 20분정도 발표하면서 다른 사람들의 의견을 듣고 토론한다. 9년 동안의 발제문 분량을 합치면 라면 상자 5박스가 넘는다.

| 발제문 사례 |

『니코마코스 윤리학』　　　　　　대치도서관 독서 토론 김한나

아리스토텔레스의 『니코마코스 윤리학』은 인간의 행위가 궁극적으로 지향하는 목적이 행복이라는 것과 이 행복은 인간의 고유한 기능이 탁월하게 발휘되는 품성 상태인 덕에 따른 활동임을 논증한다. 인간만이 합리적 선택에 따라 자신의 욕구를 목표에 대한 숙고를 통해 조직할 수 있다. 인간은 자신의 지적인 활동에 있어서나 용기나 절제와 같은 윤리적 품성 일반에 있어서 또 사회적 관계에서 발휘되는 덕인 정의나 우애를 함양해 나아갈 수 있다. 제대로 이해된 쾌락은 인간의 고유한 활동을 증진시키고 완성시키기에 인간이 가진 이 고유한 기능들의 최선의 활동들은 즐거움을 통해 완성된다. 인간은 자신의 고유한 기능이 얘기되는 모든 측면에서 덕에 따른 활동을 통해, 특히 인간 안의 가장 신적인 부분인 지성의 관조적 활동을 통해 진정한 행복에 이를 수 있다.

1. 최고선(善) = 행복

우리는 무엇을 위해 사는가?

각기 다른 모든 대답을 모아도 "행복"으로 귀결된다. 행복은 우리가 추구하는 것 가운데 가장 좋은 것, 즉 최고선이다. 그렇다면 행복이란 무엇일까? 사람마다 추구하는 행복은 서로 다르고 때로는 같은 사람도 상황에 따라 행복을 다르게 말한다. 행복이 무엇인지 알기 위해 아리스토텔레스는 인간에게 고유한 일과 기능이 무엇인지 먼저 살펴야 한다고 주장한다. 그런 다음 살아가면서 자신에게 고유한 일, 자기에게 어울리는 일을 탁월하게 매우 잘 수행할 때 사람은 가장 행복해지며, 그런 행복은 생애 전체에 걸쳐 '완전한 덕'을 성취함으로써 이루어질 수 있다고 주장한다. 그래서 아리스토텔레스는 인간만의 고유한 기능인 '정신의 덕이 있는 활동'을 행복이라 규정하고 행복한 사람은 어떤 상태에 있는가를 탐구한다.

2. 덕(德) = 중용(中庸)

행복은 완전한 덕에 따른 활동이다. 인간의 덕이란 신체의 덕이 아닌 정신의 덕을 말한다. 정신의 덕은 '지적인 덕'과 '도덕적인 덕'으로 구분된다. 철학적 지혜나 이해력은 지적인 덕이고, 너그러움이나 절제는 도덕적인 덕이다.

덕이 있는 사람이 되기 위해 아리스토텔레스는 정념, 즉 감정을 잘 다스리고 관리해야 한다고 말한다. 정념이 넘치거나 모자라지 않는 중간 상태를 유지해야 하는데 이것이 바로 '중용'이다. 이 중간은 수학적인 개념이 아니라 '마땅한 때에, 마땅한 일에 대하여, 마땅한 동기로, 마땅한 태도로 행동하는 것'이 중용이며 참된 덕이다.

관계 있는 것	모자람	중용	지나침
두려움과 태연함	무모함	용기	비겁
쾌락과 고통	무감각	절제	방종, 방탕
돈	인색	관후	낭비, 방탕
명예와 불명예	비굴	긍지	오만함, 허영
노여움	무성미, 무기력	온화함	성급함
진리	거짓 겸손	진실	허풍
유쾌함	무뚝뚝함	재치	익살
	심술궂음	친절	비굴, 아첨

대치동에 가면 니 새끼가 뭐라도 될 줄 알았지?

3. 도덕적인 덕

① 용기

② 절제

③ 관후

④ 긍지

⑤ 온화함

⑥ 사교상의 덕

⑦ 수치심, 부끄러움을 아는 것

⑧ 정의

※ 인간에게 있어 최고선은 무엇일까? 어떻게 도달할 수 있을까?
알랭 드 보통의 『불안』과 비교

2012년

특징
- 주요 테마 : 동양고전
- 2012년부터 분할 독서 시작
- 참여 인원 2~3명

〈2012년 주제 독서 리스트(총 14권)〉

순서	서명	저자	순서	서명	저자
1	꿈의 해석	지크문트 프로이트	10	노자(도덕경)	오강남 역해
2	이기적 유전자	리처드 도킨스	11	장자	김학주 역
3	명심보감	추적 엮음	12	바가바드기타	함석헌 주석
4	논어 집주 (1)		13	우파니샤드	임근동 역
5	논어 집주 (2)	성백효 주역	14	간디 자서전	함석헌
6	논어 집주 (3)		15	법구경	법정
7	대학, 중용	주희 엮음	16	숫타니파타	법정
8	맹자 집주 (1)	성백효 주역	17	금강경 (1)	우승택
9	맹자 집주 (2)		18	금강경 (2)	

대치동에 가면 니 새끼가 뭐라도 될 줄 알았지?

2013년

특징
- 주요 테마 : 철학, 역사
- 철학을 위주로 책을 읽다 보니 역사적 배경을 이해하는 것이 매우 중요함을 알게 되어 역사서를 일부 리스트로 선정
- 2012년에 비해 분할 독서의 양이 많아짐
- 선정된 도서 중 「신학대전」과 「율리시스」를 읽지 못함

〈**2013년 주제 독서 리스트**(총 12권)〉

순서	서명	저자	순서	서명	저자
1	동의보감-우주 그리고 삶의 비전을 찾아서	고미숙	12	시학 (2)	아리스토텔레스
2	한국통사	박은식	13	실락원	존 밀턴
3	역사의 연구 (1)	아놀드 조셉 토인비	14	지옥에서 보낸 한철 (1)	아르튀르 랭보
4	역사의 연구 (2)		15	지옥에서 보낸 한철 (2)	
5	논리 철학 논고 (1)	비트겐슈타인	16	신학대전 (1) 요약	토마스 아퀴나스
6	논리 철학 논고 (2)		17	신학대전 (2)	
7	존재와 시간 (1)	마르틴 하이데거	18	사기열전 (1)	사마천
8	존재와 시간 (2)		19	사기열전 (2)	
9	의사소통행위이론 (1)	위르겐 하버마스	20	율리시스 (1)	제임스 조이스
10	의사소통행위이론 (2)		21	율리시스 (2)	
11	시학 (1)	아리스토텔레스			

2014년

특징

- 주요 테마 : 철학사, 문학
- 문학을 읽고 싶어 하는 참가자들의 욕구를 수용하여 주제 도서로 선정
- 전체적인 맥락을 알고자 철학사와 예술사를 읽음
- 철학사와 예술사를 정해진 기간에 다 못 읽어 『임꺽정』과 『율리시스』를 제외하고 추가로 시간을 배정하였음
- 슬로우 리딩
- 참여 인원이 최소 10명 이상 됨
- 2014년부터 인문학 독서의 중요성이 강조되면서 여러 언론에 기사가 남

〈**2014년 주제 독서 리스트**(총 7권)〉

순서	서명	저자	순서	서명	저자
1	더블린 사람들	제임스 조이스	11	소크라테스에서 포스트 모더니즘까지 (8)	
2	그리스 비극걸작선 (1)	에우리피데스, 소포클레스	12	안나 카레니나	톨스토이
3	그리스 비극걸작선 (2)		13	문학과 예술의 사회사 (1)	아르놀트 하우저
4	소크라테스에서 포스트 모더니즘까지 (1)	새뮤얼 이녹 스텀프	14	문학과 예술의 사회사 (2)	
5	소크라테스에서 포스트 모더니즘까지 (2)		15	문학과 예술의 사회사 (3)	
6	소크라테스에서 포스트 모더니즘까지 (3)		16	문학과 예술의 사회사 (4)	
7	소크라테스에서 포스트 모더니즘까지 (4)		17	율리시스 (1)	제임스 조이스
8	소크라테스에서 포스트 모더니즘까지 (5)		18	율리시스 (2)	
9	소크라테스에서 포스트 모더니즘까지 (6)		19	임꺽정 (1)	홍명희
10	소크라테스에서 포스트 모더니즘까지 (7)		20	임꺽정 (2)	

특징

– 주요 테마 : 철학, 경제, 과학

– 언론에 "인문학을 읽는 사람들"이 노출되면서 참여자들이 점차 늘기 시작함

– 2차 위기가 옴 : 호기심에 참여하는 참석자 중 몇몇이 독서 토론에 대한 이의를 제기함. 대치도서관에서 하는 것은 토론이 아니라 스터디다. 왜 토론이라고 해놓고 공부를 하느냐, 그리고 뭐 하러 이렇게 어려운 책을 굳이 읽느냐 등 많은 공격을 받음. 이런 주장을 하는 사람들은 책을 읽지 않고 인터넷에서 검색한 내용을 가지고 자기주장만 하려는 경우가 많았음. 회원들이 협의하여 진행하는 연구형 책 읽기 모임임을 알리고 독서 토론의 가장 큰 목적인 주제 도서를 확실하게 이해하는 것을 가장 중요한 가치로 인정함. 그리고 어려운 고전 인문학이 아닌 다양한 주제로 토론을 하는 다른 도서관의 정보를 제공함

– 인문학을 읽는 독서 팀은 기존의 회원이 80% 정도로 유지되고 나머지 20% 이상이 새로운 회원들이 참여하는 형식으로 해마다 그 인원이 증가함

⟨**2015년 주제 독서 리스트**(총 8권)⟩

순서	서명	저자	순서	서명	저자
1	호밀밭의 파수꾼	제롬 데이비드 샐린저	11	서양미술사 (4)	E.H. 곰브리치
2	고리오 영감	발자크	12	서양미술사 (5)	
3	역사 (1)	헤로도토스	13	코스모스 (1)	칼 세이건
4	역사 (2)		14	코스모스 (2)	
5	세계사의 구조 (1)	가라타니 고진	15	코스모스 (3)	
6	세계사의 구조 (2)		16	과학 혁명의 구조 (1)	토머스 새뮤얼 쿤
7	세계사의 구조 (3)		17	과학 혁명의 구조 (2)	
8	서양미술사 (1)	E.H. 곰브리치	18	과학 혁명의 구조 (3)	
9	서양미술사 (2)		19	이기적 유전자 (1)	리처드 도킨스
10	서양미술사 (3)		20	이기적 유전자 (2)	

2016년

특징

– 주요 테마 : 철학, 고대 서양역사, 심리학
– 펠로폰네소스 전쟁사를 읽고, 스파르타가 영화 「300」의 모델이었다는 것을 알았음
– 세계 3대 심리학자의 저서를 함께 읽고 비교하였음
– 2016년부터 참여 인원이 급증하기 시작하여 등록 인원 50명 이상, 참여 인원 20명 이상이
  되었음
– 문학을 1~2권 선정하여 읽었음

〈2016년 주제 독서 리스트(총 13권)〉

순서	서명	저자	순서	서명	저자
1	파리의 우울	샤를 피에르 보들레르	12	로마사 (2)	맥 세계사 편찬위원회
2	백석 평전	안도현	13	로마 제국 쇠망사	에드워드 기번
3	소크라테스의 변론/ 크리톤/ 파이돈/ 향연 (1)	플라톤	14	뜻으로 본 한국역사 (1)	함석헌
4	소크라테스의 변론/ 크리톤/ 파이돈/ 향연 (2)		15	뜻으로 본 한국역사 (2)	
5	그리스사 (1)	맥 세계사 편찬위원회	16	정신 분석 강의 (1)	프로이트
6	그리스사 (2)		17	정신 분석 강의 (1)	
7	펠로폰네소스 전쟁사 (1)	투퀴디데스	18	카를 융, 기억 꿈 사상 (1)	카를 융
8	펠로폰네소스 전쟁사 (2)		19	카를 융, 기억 꿈 사상 (2)	
9	비극의 탄생 (1)	프리드리히 니체	20	아들러 심리학 입문	A. 아들러
10	비극의 탄생 (2)		21	백년의 고독	마르케스
11	로마사 (1)	맥 세계사 편찬위원회			

대치동에 가면 니 새끼가 뭐라도 될 줄 알았지?

2017년

특징

‒ 주요 테마 : 철학, 과학, 동양역사

‒ 중국과 한국의 역사서와 문학을 읽음

‒ 과학을 통해 미래를 이해하기 위해 고전은 아니지만 『사피엔스』를 독서목록에 선정

‒ 2011년에 읽은 책을 다시 선정

〈**2017년 주제 독서 리스트**(총 9권)〉

순서	서명	저자	순서	서명	저자
1	사피엔스 (1)	유발 하라리	12	다시 찾는 우리 역사 (2)	한영우
2	사피엔스 (2)		13	다시 찾는 우리 역사 (3)	
3	이야기 중국사 (1)	김희영	14	체 게바라 평전	장 코르미에
4	이야기 중국사 (2)		15	한국 미술사 강의 (1)	유홍준
5	이야기 중국사 (3)		16	한국 미술사 강의 (2)	
6	이야기 중국사 (4)		17	한국 미술사 강의 (3)	
7	이야기 중국사 (5)		18	한국 미술사 강의 (4)	
8	이야기 중국사 (6)		19	니코마코스 윤리학 (1)	아리스토 텔레스
9	아 Q 정전	루쉰	20	니코마코스 윤리학 (2)	
10	사람아 아, 사람아!	다이허우잉	21	월든	헨리 데이비드 소로
11	다시 찾는 우리 역사 (1)	한영우			

2018년

특징

- 주요 테마 : 철학, 역사, 지리, 미술사
- 역사를 이해하기 위해 세계의 지형을 파악하는 것에 대한 중요성을 인식하고 지리학에 관심을 가짐
- 근대 유럽 각 나라의 역사와 처음으로 아프리카 역사를 주제 도서로 선정함
- 종교 관련 도서를 선정함 : 불교와 성경
- 동양철학과 평전을 1년에 한 권씩이라도 읽으려고 노력함
- 전국독서동아리 대상에서 장려상 수상

〈2018년 주제 독서 리스트(총 12권)〉

순서	서명	저자	순서	서명	저자
1	왜 지금 지리학인가 (1)	하름 데 볼레이	13	한 역사학자가 쓴 성경 이야기 (구약편)	김호동
2	왜 지금 지리학인가 (2)		14	김대중 평전 - 새벽	김택근
3	영국적인 너무나 영국적인 (1)	박지향	15	호모데우스 (1)	유발 하라리
4	영국적인 너무나 영국적인 (2)		16	호모데우스 (2)	
5	프랑스사 (1)	앙드레 모루아	17	서양미술사 철학으로 읽기 (1)	조중걸
6	프랑스사 (1)		18	서양미술사 철학으로 읽기 (2)	
7	프랑스사 (3)		19	논어 (1)	공자
8	독일사 산책 (1)	닐 맥그리거	20	논어 (2)	
9	독일사 산책 (2)		21	인간 붓다 (1)	법륜
10	독일사 산책 (3)		22	인간 붓다 (2)	
11	통아프리카사 (1)	김상훈	23	불안	알랭 드 보통
12	통아프리카사 (1)				

대치동에 가면 니 새끼가 뭐라도 될 줄 알았지?

2019년

특징

- 주요 테마 : 철학, 역사, 경제, 사회사
- 우리와 가장 밀접한 관련이 있는 일본과 미국의 역사를 선정함
- 이미 읽은 책들 중 『코스모스』와 『자유론』을 다시 선정함
- 노벨상을 받은 작품 중 다양한 문화권의 책을 꾸준히 읽으려고 노력함. 2019년에는 이슬람 사회를 경험할 수 있는 터키 작가의 작품 『내 이름은 빨강』을 선정함
- 『경제의 특이점이 온다』는 현재의 경제 개념과 차이가 많이 나서 제외하고 대신 『총·균·쇠』를 주제 도서로 선정하여 〈역사 대 토론회〉로 대체하기로 함

〈2019년 주제 독서 리스트〉(총 11권)

순서	서명	저자	순서	서명	저자
1	아내를 모자로 착각한 남자 (1)	올리버 색스	12	미국사 (2)	맥 세계사 편찬위원회
2	아내를 모자로 착각한 남자 (2)		13	자유론	존 스튜어트 밀
3	코스모스 (1)	칼 세이건	14	내 이름은 빨강	오르한 파묵
4	코스모스 (2)		15	맹자 (1)	동양고전 연구회
5	코스모스 (3)		16	맹자 (2)	
6	총·균·쇠 (1)	재레드 다이아몬드	17	젠더와 사회 (1)	한국여성 연구회
7	총·균·쇠 (1)		18	젠더와 사회 (2)	
8	총·균·쇠 (1)		19	경제의 특이점이 온다 (1)	케일럼 체이스
9	일본사 (1)	맥 세계사 편찬위원회	20	경제의 특이점이 온다 (2)	
10	일본사 (2)		21	저도 과학은 어렵습니다만 (1)	이정모
11	미국사 (1)	맥 세계사 편찬위원회	22	저도 과학은 어렵습니다만 (2)	

2020년

특징

– 주요 테마 : 철학, 예술, 역사, 심리학

– 영역을 클래식 음악까지 넓힘

 ※ 2020년 코로나19로 인해 선정된 도서를 읽지 못하고 있음. 선정 도서가 난도가 있어
  비대면으로 진행하기 어려워 대면이 가능할 때 선정 도서를 읽기로 함

– 현재 독해가 어렵지 않으면서 시대를 이해하는 데 도움을 주는 책들을 선정하여 소모임
 형태로 진행하고 있음

〈2020년 주제 독서 리스트(총 10권)〉

순서	서명	저자	순서	서명	저자
1	생각의 지도	리처드 니스벳	13	문학과 예술의 사회사 Ⅲ (3/6)	아르놀트 하우저
2	처음 읽는 독일 현대철학 (1)	철학 아카데미	14	문학과 예술의 사회사 Ⅲ (4/6)	
3	처음 읽는 독일 현대철학 (2)		15	문학과 예술의 사회사 Ⅳ (5/6)	
4	기억 꿈 사상 (1)	카를 융	16	처음 읽는 프랑스 현대철학 (1)	철학 아카데미
5	기억 꿈 사상 (2)		17	처음 읽는 프랑스 현대철학 (2)	
6	이지 클래식 (1)	류인하	18	예루살렘의 아이히만 (1)	한나 아렌트
7	이지 클래식 (2)		19	예루살렘의 아이히만 (2)	
8	이지 클래식 (3)		20	소유냐 존재냐	에리히 프롬
9	이지 클래식 (4)		21	계몽의 변증법 (1)	아도르노, 호르크하이머
10	방랑자들	올가 토카르추크	22	계몽의 변증법 (2)	
11	문학과 예술의 사회사 Ⅱ (1/6)	아르놀트 하우저			
12	문학과 예술의 사회사 Ⅱ (2/6)				

대치도서관은 이렇게 꾸준히 책을 읽으면서 새로워졌다. 도서관을 위해 기꺼이 우렁각시가 되어 주는 이용자들이 있고, 크지 않은 공공도서관이지만 인문학 관련 영역에서는 삼손과 같이 힘자랑을 하곤 한다. 인문학 관련 외부 공모 사업에서 두각을 나타내어 다양하게 수상(2017년 길 위의 인문학 문화체육부장관상, 2018년 대치인문독서클럽 전국동아리대상 장려상 수상, 2018년 독서의 달 '세계우수작가 전작 읽기' 우수프로그램 선정)도 하였다. 인문학 프로그램에 연간 1만 명 이상이 참여하고 무엇보다 독서를 통해 성장한 사람들이 도서관과 지역에서 청소년 인문학 지도자로 활동하고 있다. 대치도서관에는 책 읽는 사람들이 모여들고 그들은 다시 도서관을 기점으로 만나 성장하면서 이웃이 되어 가고 있다. 나 또한 함께 책을 읽고 성장하여 작가로도 활동하고 있다. 독서는 내 인생에도 황금 동아줄이 되었다.

〈책을 읽고 청소년 인문학 지도자로 활동하는 사람들〉

1. 청소년 고전 읽기 ― 신수진, 김현민

2. read 클래식 ― 박선재, 김자숙

3. 한, 중사 & 중국어 ― 김한나(「내일교육」 리포터)

4. 하브루타 독서토론 ― 임정현

5. 어린이 영어인문학 ― 안성신

6. 어린이 철학학교 ― 김현민

7. 역사토론 동아리 & 세계우수작가 전작 읽기 리더 ― 박동희

　인문학 지도자 중 대치도서관에서 어린이 및 청소년을 대상으로 〈청소년 고전 읽기〉와 〈어린이 철학〉을 가르치고 있는 김현민 선생님의 경험을 이곳에 공유하여 독서가 얼마든지 개인을 새롭게 성장시킬 수 있음을 알려 주고자 한다.

대치도서관 청소년 고전 읽기와
어린이 철학 강연 경험담 _김현민

　대치도서관에서 어린이와 청소년을 대상으로 강의를 하는 것은 생각보다 어려운 일이었다. 도서관의 무료 강의라고 하더라도 대치동 아이들의 전반적인 독서 수준이 높았고, 강의를 신청해 주신 부모들의 관심도 적극적이었다. 그래서 강의를 위한 책을 읽고, 관련 서적을 찾아보고, PPT 자료를 수집하는 작업에도 많은 시간이 필요했다. 수업 중간이나 종료 후에 학생들의 다양한 질문이 쏟아져 나오기 때문에 여러 분야에 대한 관심과 독서 이력도 필요했다. 그만

큼 한 강의가 끝나고 나면 나와 학생들의 성장이 느껴지는 보람된 일이기도 하다.

이러한 성장을 가능케 한 것은 대치도서관 인문 독서 토론에 참여하면서부터였다. 매달 2번씩 1권의 책을 나누어 읽고 발제하고 토론하는 대치도서관의 토론 문화는 동아리 수준을 넘어 대학원 수업 같은 분위기였다. 철학이나 과학사, 예술 이론 등 책의 내용을 정확하게 파악하는 집중력과 토론에 적극적으로 참여하는 열의가 필요해서 처음에는 부담도 많았다. 그러나 어려운 원전일수록 도전 의식도 생기고 점차 토론 문화에도 적응하였다. 2014년 『소크라테스에서 포스트모더니즘까지』라는 제목의 철학 개론서를 읽으며 그리스 철학부터 근현대 철학까지 관련 철학 원전들을 공부하게 되었다. 2015년에는 하우저의 『문학과 예술의 사회사』1~4권을 읽고 발제하는 과정에서 예술에 대한 관심이 확장되었다. 2016년 『서양미술사』와 역사서들을 읽던 무렵, 대치도서관 관장님께서 많은 부분이 부족한 나에게 청소년 고전 읽기 강의를 부탁하셨다. 부족한 부분이 없지 않지만 그래도 4년 이상 집중적으로 책을 읽었기 때문에 강의 제안을 받아들일 수 있었다.

처음에는 도서 목록을 미리 제시하고 1회 강의에 한 작품씩 읽어 나갔다. 예를 들면 발자크의 『고리오 영감』이나 셰익스피어의

『맥베스』 등 문학 작품이나 아리스토텔레스의 『니코마코스 윤리학』, 공자의 『논어』 등을 읽었다. 처음에는 3~5장 분량의 강의안을 만들었고, 2019년 이후에는 사진과 영상물을 적극적으로 준비하였다. 강의 진행은 우선, 아이들에게 작가의 일생에 대하여 흥미로운 사건들을 제시하면서 관심을 유도하고 다음으로 아이들이 읽어 온 책의 내용을 확인하며 작가가 주장하는 핵심 내용을 예시를 들어 설명한다. 마지막에는 책 내용이나 강의안 중에서 궁금한 것을 질문하도록 했다. 2년 정도 같이 공부한 학생들, 이제 대학생이 된 학생들 모두 나에게 큰 보람을 안겨 준 보물들이다.

강의 진행 꿀팁!

1. 강의안을 문서로만 작성하는 것보다는 사진과 영상물을 포함하여 제시하면 효과 만점.

2. 초등학생과 중학생들이 이해할 수 있는 주변 상황과 연계하여 예시를 들면 이해도 업!

3. 학생들의 이름을 불러 주고 자신의 사례를 제시해 보는 등 직접적인 참여 유도로 수업의 긴장감과 흥미를 끌어올릴 것.

4. 다양한 책과 세계에 대한 관심을 끌어올리기 위해 토론 문화를 익히는 과정은 필수!

대치동에 가면 니 새끼가 뭐라도 될 줄 알았지?

코로나 대유행 시기인 요즘은 주로 줌 방식을 활용해서 강의하고 있다. 30~50장면 정도의 PPT를 중심으로 진행하며 〈어린이 철학〉의 경우 전반부는 철학사에 등장하는 주요 철학자들에 대해 알아보고 핵심 주장도 함께 살펴본다. 후반부에는 생활 속에서 철학하는 어린이가 될 수 있도록 세계와 자신의 상황을 돌아보는 주제로 사례 발표나 토론도 진행하고 있다.